CURSO DE PROGRAMAÇÃO EM PYTHON

Com projeto de APP!

Lindolfo Alves dos Santos Júnior

Você Smart

CONTENTS

CAPÍTULO 1: INTRODUÇÃO AO PYTHON E CONFIGURAÇÃO DO PROJETO

INTRODUÇÃO

Neste primeiro capítulo, vamos dar os passos iniciais no mundo da programação em Python e na construção do seu primeiro aplicativo: um chatbot simples.

Antes de começar a codificar, é essencial garantir que o ambiente de desenvolvimento esteja devidamente configurado, e vamos fazer isso instalando o Python e o Visual Studio Code (VSCode), uma das ferramentas mais populares e versáteis para programadores.

Você também será introduzido aos fundamentos da linguagem Python, incluindo conceitos essenciais como variáveis, tipos de dados e operadores. Esses conceitos são a base de qualquer programa e serão usados repetidamente ao longo do desenvolvimento do seu chatbot.

Além disso, vamos explorar o conceito de chatbot: o que ele é, como funciona e qual será a estrutura básica do seu chatbot ao final do curso.

Para colocar a teoria em prática, você começará a desenvolver o esqueleto do seu aplicativo. Vamos construir uma interface básica via terminal, onde o chatbot será capaz de interagir com o usuário por meio de uma função de saudação simples.

Este é o primeiro passo para criar um sistema que, em breve, será capaz de entender e responder a perguntas de forma automatizada.

Ao final deste capítulo, você terá seu ambiente configurado e um chatbot inicial funcionando, capaz de fazer uma interação simples com o usuário. Essa será a base sobre a qual construiremos funcionalidades mais avançadas ao longo do curso.

Instalação do ambiente (Python e VSCode)

Antes de começar a programar em Python, é essencial preparar o ambiente onde você vai escrever e executar seu código. Isso inclui instalar duas ferramentas principais: o Python, que é a linguagem de programação que você vai aprender, e o Visual Studio Code (VSCode), um editor de texto poderoso e amplamente utilizado por programadores.

O Python será o motor do seu chatbot, e o VSCode vai ajudar você a escrever e organizar seu código de forma prática e eficiente. Ao configurar essas ferramentas, você cria uma base sólida para iniciar seu aprendizado e começar a desenvolver o seu aplicativo de chatbot.

Antes de começar a programar, é importante configurar o ambiente de desenvolvimento. Isso significa instalar as ferramentas que você vai usar para escrever e rodar o seu código Python.

Vamos dividir essa configuração em duas partes: primeiro, vamos instalar o Python, que é a linguagem que você vai aprender, e depois o Visual Studio Code (VSCode), um editor de texto poderoso e fácil de usar, ideal para programadores. Siga os passos a seguir:

Passo 1: Instalando o Python

1. Acesse o site oficial do Python:

Abra o navegador de internet e vá para o site oficial do Python: https://www.python.org/downloads
Obs: verifique no seu site de pesquisa favorito o link, pois pode mudar com o tempo!

2. Baixe o Python:

Na página principal, você verá um grande botão que diz "Download Python 3.x.x" (o número pode variar). Clique nesse botão para baixar o instalador para o seu sistema operacional (Windows, macOS ou Linux).

3. Execute o instalador:

Depois que o download for concluído, localize o arquivo baixado e clique duas vezes para abrir o instalador.

4. Marque a opção "Add Python to PATH":

Esta é uma parte importante! Quando o instalador abrir, certifique-se de marcar a opção que diz "Add Python to PATH". Isso facilita o uso do Python no seu computador.

5. Clique em "Install Now":

Após marcar a opção "Add Python to PATH", clique em "Install

Now". Isso iniciará a instalação do Python. Espere alguns minutos até a instalação ser concluída.

6. Verifique se a instalação foi bem-sucedida:

Para confirmar que tudo está funcionando corretamente, abra o "Prompt de Comando" no Windows ou o "Terminal" no macOS ou Linux, e digite o seguinte comando:

bash

python –version

Se a instalação foi bem-sucedida, você verá a versão do Python aparecer na tela, algo como Python 3.x.x.

Passo 2: Instalando o Visual Studio Code (VSCode)

1. Acesse o site do VSCode:

No navegador, vá para o site oficial do Visual Studio Code:

https://code.visualstudio.com

2. Baixe o VSCode:

Na página inicial, clique no botão que diz "Download for Windows" (ou "Download for macOS" ou "Download for Linux", dependendo do seu sistema operacional). Isso iniciará o download do instalador do VSCode.

3. Execute o instalador:

Depois de baixar o arquivo, clique duas vezes no instalador para começar a instalação.

4. Aceite os termos e siga as instruções:

Durante a instalação, você verá algumas telas pedindo para aceitar os termos de uso. Marque a caixa que diz "I accept the agreement" e continue clicando em "Next" até chegar ao final.

5. Marque a opção "Add to PATH" (opcional):

Se for oferecida a opção "Add to PATH" durante a instalação, marque-a. Isso facilitará o uso do VSCode diretamente pelo terminal ou prompt de comando.

6. Finalize a instalação:

Clique em "Finish" para concluir a instalação e abrir o VSCode pela primeira vez.

Passo 3: Configurando o Python no VSCode

Agora que o Python e o VSCode estão instalados, vamos configurar o VSCode para reconhecer o Python:

1. Abra o VSCode:

Se o VSCode não abriu automaticamente, encontre-o no menu Iniciar (Windows) ou na pasta Aplicativos (macOS), e abra o programa.

2. Instale a extensão Python:

No VSCode, há uma barra lateral esquerda com ícones. Clique no ícone de extensões (um quadrado com quatro quadrados menores dentro). Na barra de busca que aparece, digite "Python". O primeiro resultado será uma extensão oficial chamada "Python" da Microsoft. Clique no botão "Install" ao lado dela.

3. Verifique a instalação:

Agora, o VSCode está pronto para rodar programas em Python. Para verificar se está tudo certo, clique em "File" e depois em "New File". No arquivo novo, escreva o seguinte código simples:

python

```python
print("Olá, mundo!")
```

4. Execute o código:

Salve o arquivo com a extensão .py, por exemplo, meu_chatbot.py. Em seguida, clique com o botão direito no arquivo e escolha "Run Python File in Terminal". Se tudo foi configurado corretamente, você verá "Olá, mundo!" aparecer no terminal, confirmando que o Python está funcionando no VSCode.

Pronto! Agora você tem o Python e o VSCode instalados e configurados. Você está pronto para começar a escrever seu próprio chatbot e aprender os principais conceitos de programação ao longo do livro.

Fundamentos da linguagem: variáveis, tipos de dados, operadores

Quando você começa a programar em Python, é importante entender os conceitos básicos que formam a base de qualquer código. Três desses conceitos são variáveis, tipos de dados e operadores. Vamos explorar cada um deles de maneira simples para que você possa começar a escrever seus próprios programas com confiança.

1. Variáveis

Imagine uma variável como uma caixa onde você pode guardar informações. Em Python, você usa variáveis para armazenar dados que você pode usar e modificar no seu código. Quando você cria uma variável, está essencialmente dando um nome a um espaço na memória do computador onde um valor será guardado.

Como criar uma variável:

Para criar uma variável em Python, você simplesmente escolhe um nome e usa o sinal de igual (=) para atribuir um valor a ela. Veja um exemplo:

python

```
mensagem = "Olá, mundo!"
idade = 25
```

Aqui, mensagem é uma variável que guarda um texto, e idade é uma variável que guarda um número.

Regras para nomear variáveis:

- Os nomes das variáveis devem começar com uma letra ou um sublinhado (_).
- Após o primeiro caractere, você pode usar letras, números e sublinhados.
- Nomes de variáveis não podem conter espaços e não devem ser palavras reservadas do Python, como if ou print.

2. Tipos de Dados

Os tipos de dados em Python definem que tipo de informação uma variável pode armazenar. Existem alguns tipos de dados básicos que você usará frequentemente:

- Números Inteiros (int): São números sem casas decimais, como 1, 42 ou -7. Exemplo:

python

```
idade = 25
```

- Números de Ponto Flutuante (float): São números com casas decimais, como 3.14, 2.71 ou -0.5. Exemplo:

python

```
altura = 1.75
```

Strings (str): São sequências de caracteres, ou seja, texto. Strings são delimitadas por aspas simples (') ou duplas ("). Exemplo:

python

```
nome = "Ana"
```

Booleanos (bool): Representam valores verdadeiros ou falsos, e são usados para controle de fluxo. Exemplo:

python

```
is_active = True
```

3. Operadores

Operadores são símbolos que você usa para realizar operações com variáveis e valores. Em Python, você encontrará vários tipos de operadores:

Operadores Aritméticos: Usados para realizar cálculos matemáticos. Os principais são:

Adição (+): Soma dois valores.

python

```
soma = 5 + 3   soma é igual a 8
```

Subtração (-): Subtrai um valor de outro.

python

```
diferença = 10 - 4   diferença é igual a 6
```

Multiplicação (): Multiplica dois valores.

python
> **produto = 7 6 produto é igual a 42**

Divisão (/): Divide um valor por outro.

python
> **quociente = 20 / 4 quociente é igual a 5.0**

Módulo (%): Retorna o resto da divisão entre dois valores.

python
> **resto = 9 % 4 resto é igual a 1**

Exponenciação (): Eleva um valor a uma potência.

python
> **potência = 2 3 potência é igual a 8**

Operadores de Comparação: Usados para comparar valores e retornar True ou False.

Igualdade (==): Verifica se dois valores são iguais.

Python
> **resultado = (5 == 5) resultado é True**

Diferença (!=): Verifica se dois valores são diferentes.

python
> **resultado = (5 != 3) resultado é True**

Maior que (>): Verifica se um valor é maior que outro.

python
> **resultado = (7 > 3) resultado é True**

Menor que (<): Verifica se um valor é menor que outro.

python

> **resultado = (4 < 6) resultado é True**

Maior ou igual a (>=): Verifica se um valor é maior ou igual a outro.

python

> **resultado = (5 >= 5) resultado é True**

Menor ou igual a (<=): Verifica se um valor é menor ou igual a outro.

python

> **resultado = (4 <= 5) resultado é True**

Operadores Lógicos: Usados para combinar condições.

E (and): Retorna True se ambas as condições forem verdadeiras.

python

> **resultado = (5 > 3 and 8 < 10) resultado é True**

Ou (or): Retorna True se pelo menos uma das condições for verdadeira.

python

> **resultado = (5 > 3 or 8 > 10) resultado é True**

Não (not): Inverte o valor lógico de uma condição.

python

resultado = not (5 > 3) resultado é False

Compreender variáveis, tipos de dados e operadores é essencial para escrever qualquer programa em Python. Esses fundamentos permitem que você armazene informações, realize cálculos e controle o fluxo do seu código. Pratique esses conceitos com exemplos simples e logo você estará pronto para avançar para tópicos mais complexos e criar aplicativos mais interessantes!

Introdução ao conceito de chatbot e como ele funciona

Os chatbots são programas de computador projetados para simular conversas com seres humanos. Eles são usados em uma variedade de aplicativos, desde serviços de atendimento ao cliente até assistentes pessoais em smartphones. Se você já conversou com um "assistente virtual" ou recebeu respostas automáticas em um site, provavelmente interagiu com um chatbot.

O Que É um Chatbot?

Um chatbot é uma ferramenta que usa inteligência artificial (IA) para entender e responder às perguntas dos usuários. A ideia é criar um sistema que possa conversar com pessoas de maneira natural, como se fosse um ser humano. Isso pode incluir responder a perguntas frequentes, oferecer recomendações ou até mesmo realizar tarefas simples.

Como Funciona um Chatbot?

Um chatbot funciona seguindo alguns passos básicos para entender e responder às mensagens dos usuários. Vamos explorar esses passos para entender melhor como eles trabalham:

1. Recepção da Mensagem

Quando um usuário envia uma mensagem para o chatbot, o primeiro passo é receber essa mensagem. Isso geralmente acontece através de uma interface de chat, como uma janela de conversa em um site ou um aplicativo de mensagens.

2. Processamento da Mensagem

Depois que a mensagem é recebida, o chatbot precisa entender o que o usuário está pedindo. Para fazer isso, ele analisa o texto da mensagem e tenta identificar palavras-chave e o contexto da pergunta. Isso é feito usando algoritmos de processamento de linguagem natural (PLN), que ajudam o chatbot a entender o significado do texto.

3. Identificação da Intenção

Com base na análise, o chatbot identifica a intenção do usuário. Por exemplo, se a mensagem diz "Quero saber o horário de funcionamento", o chatbot identifica que a intenção do usuário é obter informações sobre o horário de funcionamento de um estabelecimento.

4. Geração da Resposta

Depois de identificar a intenção, o chatbot gera uma resposta apropriada. A resposta pode ser uma mensagem simples, como "Estamos abertos das 9h às 18h", ou pode ser uma série de ações mais complexas, como fornecer uma lista de produtos disponíveis ou ajudar com uma reserva.

5. Envio da Resposta

Finalmente, a resposta é enviada de volta ao usuário através da mesma interface de chat. O chatbot espera a próxima mensagem e o processo se repete.

Tipos de Chatbots

Existem diferentes tipos de chatbots, dependendo da complexidade e das funcionalidades que eles oferecem:

Chatbots Baseados em Regras:

São os mais simples e funcionam com base em regras predefinidas. Eles seguem um conjunto de instruções que dizem como responder a diferentes perguntas. Por exemplo, se a pergunta for "Qual é o horário de funcionamento?", o chatbot sempre responderá com uma mensagem específica.

Chatbots Baseados em Inteligência Artificial:

Estes são mais avançados e usam técnicas de aprendizado de máquina para entender e responder às mensagens de forma mais flexível. Eles podem aprender com as interações e melhorar suas respostas ao longo do tempo. Esses chatbots são capazes de lidar com uma variedade maior de perguntas e fornecer respostas mais personalizadas.

Chatbots Híbridos:

Combinam elementos dos dois tipos anteriores. Eles usam regras predefinidas para responder a perguntas comuns e inteligência artificial para lidar com perguntas mais complexas.

Como Construir um Chatbot

Construir um chatbot pode parecer complicado, mas é possível começar com alguns passos básicos:

1. Definir o Propósito:

Decida o que o chatbot deve fazer. Ele será usado para responder a perguntas de clientes? Ajudar com tarefas simples? Ou fornecer informações sobre produtos?

2. Escolher a Plataforma:

Existem várias ferramentas e plataformas que permitem criar chatbots sem precisar programar, como o Dialogflow do Google ou o Chatfuel. Se você estiver interessado em programar seu próprio chatbot, pode usar uma linguagem de programação como Python.

3. Desenvolver o Chatbot:

Comece a construir o chatbot, definindo suas respostas e como ele deve lidar com diferentes tipos de perguntas. Para chatbots mais avançados, isso pode envolver programação e uso de técnicas de IA.

4. Testar e Melhorar:

Depois de criar o chatbot, teste-o com usuários reais e faça melhorias com base no feedback. Isso ajudará a garantir que o chatbot seja útil e eficaz.

5. Implementar:

Finalmente, coloque o chatbot em funcionamento e deixe-o disponível para os usuários através da interface de chat escolhida.

Conclusão

Chatbots são ferramentas poderosas que podem automatizar muitas interações que normalmente seriam feitas por seres humanos. Com a crescente demanda por atendimento rápido e eficiente, aprender a criar e utilizar chatbots pode ser uma habilidade valiosa. Ao entender como eles funcionam e como desenvolvê-los, você pode criar sistemas que ajudam a melhorar a experiência do usuário e otimizar processos em diversas áreas.

Estrutura básica de um aplicativo Python

Quando você começa a programar em Python, é útil entender a estrutura básica de um aplicativo Python. Ter uma compreensão clara de como os aplicativos são organizados ajudará você a escrever código mais eficiente e a criar programas que funcionem corretamente. Vamos explorar a estrutura básica de um aplicativo Python de forma simples e direta.

1. O Que É um Aplicativo Python?

Um aplicativo Python é um programa escrito na linguagem Python. Pode ser tão simples quanto um script que executa uma tarefa básica ou tão complexo quanto um sistema completo com várias funcionalidades. A estrutura básica de um aplicativo Python é composta por alguns elementos principais que ajudam a organizar o código e a funcionalidade do programa.

2. Estrutura de Arquivos e Pastas

A estrutura de arquivos e pastas é a organização dos arquivos que compõem o aplicativo. Em projetos mais complexos, uma boa organização facilita a manutenção e o desenvolvimento. Aqui está um exemplo de como você pode organizar um aplicativo Python:

```
meu_app/
|
├── main.py
├── modulos/
|    ├── __init__.py
|    ├── modulo1.py
|    └── modulo2.py
├── dados/
|    └── banco_de_dados.db
└── recursos/
     ├── imagem.png
     └── configuracoes.json
```

- **main.py:** Este é o arquivo principal onde o aplicativo começa a execução. Geralmente, é aqui que você coloca o código que inicia o programa.
- **modulos/:** Esta pasta contém arquivos de módulos, que são partes do código que podem ser reutilizadas em diferentes partes do aplicativo. Cada módulo pode ter funções e classes específicas.
- **dados/:** Aqui você pode armazenar arquivos de dados, como bancos de dados ou arquivos de configuração.
- **recursos/:** Esta pasta é usada para armazenar arquivos de recursos, como imagens, arquivos de configuração e outros materiais necessários para o aplicativo.

3. O Arquivo Principal (main.py)

O arquivo principal é o ponto de entrada do seu aplicativo. É aqui que você escreve o código que será executado primeiro. Um exemplo simples de um arquivo main.py pode ser:

```
# main.py

def saudacao():
    print("Olá, bem-vindo ao meu aplicativo!")

if __name__ == "__main__":
    saudacao()
```

Neste exemplo:

- saudacao() é uma função que imprime uma mensagem.
- if _name_ == "_main_": é uma verificação que garante que o código dentro deste bloco só seja executado se o arquivo for executado diretamente, e não importado como um módulo em outro arquivo.

4. Módulos e Funções

Os módulos são arquivos Python que contêm código que pode ser importado e usado em outros arquivos. Por exemplo, se você tiver um arquivo modulo1.py com o seguinte conteúdo:

```
# modulos/modulo1.py

def somar(a, b):
    return a + b
```

Você pode usar essa função no arquivo main.py assim:

Imagem 4

python
 main.py
from modulos.modulo1 import somar

```
resultado = somar(5, 3)
print("O resultado da soma é:", resultado)
```

Aqui:

- def somar(a, b): define uma função que soma dois números.
- from modulos.modulo1 import somar importa a função somar para o arquivo main.py.

5. Arquivos de Dados e Recursos

Em muitos aplicativos, você precisará lidar com dados e recursos. Esses podem incluir arquivos de configuração, bancos de dados ou imagens. Para acessar um banco de dados em um arquivo localizado na pasta dados/, você pode usar um código como este:

```python
import sqlite3

conexao = sqlite3.connect('dados/banco_de_dados.db')
cursor = conexao.cursor()

# Exemplo de uma consulta ao banco de dados
cursor.execute("SELECT * FROM tabela_exemplo")
resultados = cursor.fetchall()

for linha in resultados:
    print(linha)

conexao.close()
```

Neste exemplo:

- sqlite3.connect('dados/banco_de_dados.db') estabelece uma conexão com o banco de dados.
- cursor.execute(...) executa uma consulta SQL.

6. Organização e Boas Práticas

Manter uma boa organização no seu código é crucial. Aqui estão algumas boas práticas:

- Nomeie seus arquivos e pastas de forma descritiva: Isso ajuda a entender o propósito de cada parte do aplicativo.
- Mantenha funções e módulos pequenos e focados: Isso facilita a leitura e a manutenção do código.
- Use comentários e documentação: Adicione comentários ao seu código para explicar o que ele faz e como usá-lo.

Conclusão

Entender a estrutura básica de um aplicativo Python ajuda a criar projetos mais organizados e funcionais. Com uma boa estrutura de arquivos e pastas, um arquivo principal que inicia o aplicativo, e módulos que contêm funções e classes reutilizáveis, você pode construir aplicativos Python de maneira eficiente e clara. Pratique criando e organizando seus próprios projetos para se familiarizar com esses conceitos e melhorar suas habilidades de programação.

Desenvolvimento do App:

Na primeira etapa da construção do seu chatbot, você começará por criar o esqueleto básico do aplicativo. Isso envolve o desenvolvimento de uma função simples de saudação que cumprimenta o usuário assim que ele inicia a interação com o chatbot.

Essa função será responsável por exibir uma mensagem amigável, estabelecendo o tom para a conversa e fornecendo uma introdução clara ao usuário sobre o que o chatbot pode fazer.

Esse passo é essencial para garantir que o chatbot tenha uma maneira inicial de se comunicar e interagir de forma básica com o usuário.

Além disso, você definirá a interface básica do chatbot utilizando o terminal. A interface via terminal permitirá que o usuário digite suas mensagens e receba respostas diretamente na tela.

Com um loop simples, o chatbot ficará aguardando as entradas do usuário e responderá com mensagens padrão, além de oferecer uma opção para encerrar a conversa.

Essa configuração inicial cria uma estrutura funcional para o chatbot, permitindo que você teste e refine a interação do usuário enquanto constrói as funcionalidades mais avançadas nas próximas etapas.

Início do projeto

Criando o Esqueleto do Chatbot: Saudação e Interface Básica

Agora que você já está familiarizado com os conceitos básicos de programação em Python, é hora de começar a construir o seu primeiro chatbot! Nesta primeira parte, vamos criar o esqueleto do chatbot, começando com uma função simples de saudação ao usuário e definindo uma interface básica que funcionará no terminal. Isso é como montar a estrutura básica de uma casa antes de adicionar todos os detalhes.

1. Criando a Função de Saudação

Para que o seu chatbot possa interagir com os usuários, começaremos com uma função simples que cumprimenta o usuário. A função é a parte do código que realiza uma tarefa específica. No caso do nosso chatbot, a função de saudação será responsável por enviar uma mensagem amigável ao usuário quando ele iniciar a conversa.

Aqui está um exemplo de como você pode criar uma função de saudação em Python:

```python
# Função que cumprimenta o usuário
def saudacao():
    print("Olá! Eu sou o seu chatbot. Como posso ajudar você hoje?")
```

Vamos analisar o que está acontecendo aqui:

- def saudacao():: Este é o início da definição da função. def é uma palavra-chave usada para definir funções em Python.
- print("Olá! Eu sou o seu chatbot. Como posso ajudar você hoje?"): Esta linha faz com que o chatbot mostre uma mensagem na tela. O texto dentro das aspas é o que será exibido para o usuário.

2. Definindo a Interface Básica via Terminal

Agora que você tem a função de saudação, é hora de definir como o usuário vai interagir com o chatbot.

Vamos fazer isso usando o terminal, que é uma forma simples e eficaz de permitir que o usuário se comunique com o chatbot. A interface via terminal é basicamente uma tela onde o usuário pode digitar suas mensagens e ver as respostas do chatbot.

Aqui está como você pode criar uma interface básica para o seu chatbot:

```
# Função que cumprimenta o usuário
def saudacao():
    print("Olá! Eu sou o seu chatbot. Como posso ajudar você hoje?")

# Função principal que controla o fluxo do chatbot
def main():
    saudacao()  # Chama a função de saudação
    while True:
        entrada_usuario = input("Você: ")  # Recebe a entrada do usuário
        if entrada_usuario.lower() == "sair":
            print("Chatbot: Até logo!")
            break
        else:
            print("Chatbot: Desculpe, não entendi. Pode reformular sua pergunta?")

# Inicia o chatbot
if __name__ == "__main__":
    main()
```

Vamos analisar cada parte deste código:

- **def main():** Aqui, estamos definindo uma nova função chamada main que será a função principal do chatbot.
- **saudacao()** Chamamos a função de saudação para cumprimentar o usuário assim que o chatbot começa a funcionar.
- **while True:** Esse é um loop que continuará executando até que o usuário decida encerrar a conversa. O loop permite que o chatbot continue a interagir com o usuário.
- **entrada_usuario = input("Você: ")** Este comando exibe uma mensagem solicitando que o usuário digite uma resposta. O que o usuário digitar é armazenado na variável entrada_usuario.
- **if entrada_usuario.lower() == "sair":** Verifica se o usuário digitou "sair" (em qualquer combinação de

maiúsculas e minúsculas) e, se for o caso, encerra o chatbot com uma mensagem de despedida.

- **print("Chatbot: Desculpe, não entendi. Pode reformular sua pergunta?"):** Se a entrada do usuário não for reconhecida, o chatbot pede para reformular a pergunta.

Conclusão

Nesta etapa inicial, você criou o esqueleto do seu chatbot. Com a função de saudação, você já tem uma maneira de cumprimentar os usuários. E com a interface básica via terminal, você configurou um sistema simples para receber e responder às mensagens do usuário. Esse é o ponto de partida para criar um chatbot mais avançado e inteligente.

À medida que você continua a construir seu chatbot, você adicionará mais funcionalidades e refinamentos. Mas agora, com o esqueleto básico em funcionamento, você tem uma base sólida para começar a explorar e expandir o seu projeto.

CAPÍTULO 2: CONTROLE DE FLUXO E REGRAS DE RESPOSTA BÁSICAS

INTRODUÇÃO

No segundo capítulo do nosso livro, vamos avançar para uma parte crucial do desenvolvimento do nosso chatbot: Controle de Fluxo e Regras de Resposta Básicas. Nesta etapa, você aprenderá a usar condicionais, como if, elif e else, para criar a lógica necessária para que o chatbot responda de maneira mais inteligente e adaptativa.

Esses conceitos são fundamentais para que o chatbot possa tomar decisões baseadas nas entradas do usuário, oferecendo respostas adequadas de acordo com o que foi perguntado.

Vamos também explorar operadores lógicos e comparativos, que são ferramentas poderosas para criar condições mais complexas e específicas. Com esses operadores, você será capaz de implementar respostas automáticas baseadas em palavras-chave simples, como saudações e perguntas comuns.

No desenvolvimento do aplicativo, o foco será adicionar a primeira lógica de respostas ao chatbot, permitindo que ele reconheça e responda a perguntas básicas, como "Olá" ou "Como você está?". O objetivo é transformar seu chatbot de uma simples função de saudação em um assistente básico que pode interagir de forma mais dinâmica e personalizada com os usuários.

Condicionais: if, elif, else

No mundo da programação, condicionais são estruturas essenciais que permitem que o seu código tome decisões com base em condições específicas. Em Python, as principais palavras-chave usadas para criar condicionais são if, elif e else. Vamos explorar cada uma delas e entender como elas funcionam para criar lógica de controle no seu código.

1. A Estrutura Básica

A estrutura básica de uma declaração condicional em Python usa a palavra-chave if para iniciar a condição. Aqui está um exemplo simples:

```python
idade = 18

if idade >= 18:
    print("Você é maior de idade.")
```

Neste exemplo:

- **if idade >= 18:** Verifica se a variável idade é maior ou igual a 18. Se a condição for verdadeira, o código abaixo do if será executado.
- **print("Você é maior de idade."):** Esta linha só será executada se a condição idade >= 18 for verdadeira.

2. Usando elif

Quando você precisa verificar várias condições diferentes, pode usar elif, que é a abreviação de "else if". Isso permite que você verifique múltiplas condições em sequência.

Veja o exemplo:

```python
idade = 15

if idade >= 18:
    print("Você é maior de idade.")
elif idade >= 13:
    print("Você é um adolescente.")
else:
    print("Você é uma criança.")
```

Neste exemplo:

- elif idade >= 13:: Se a primeira condição (idade >= 18) não for verdadeira, o Python verifica a condição elif. Se idade for maior ou igual a 13, a mensagem "Você é um adolescente." será exibida.
- else:: Se nenhuma das condições anteriores for verdadeira, o código dentro do else será executado, indicando que o usuário é uma criança.

3. Usando else

O else é utilizado para capturar qualquer caso que não se encaixe nas condições anteriores. Ele não requer uma condição, apenas serve como um "último recurso" para situações que não foram previstas pelas condições anteriores:

```python
idade = 30

if idade >= 18:
    print("Você é maior de idade.")
elif idade >= 13:
    print("Você é um adolescente.")
else:
    print("Você é uma criança.")
```

Neste caso, se a idade for 30, a condição do if será verdadeira e "Você é maior de idade." será impressa. Se a idade fosse menor que 18 mas maior ou igual a 13, a condição elif seria verdadeira. Se a idade fosse menor que 13, o else seria executado.

4. Operadores Lógicos e Comparativos

Para tornar suas condições mais complexas, você pode usar operadores lógicos como and, or e not, e operadores comparativos como ==, !=, <, >, <=, >=. Aqui está um exemplo:

```python
idade = 20
possui_cnh = True

if idade >= 18 and possui_cnh:
    print("Você pode dirigir.")
else:
    print("Você não pode dirigir.")
```

Neste exemplo:

- idade >= 18 and possui_cnh: A condição verifica se a idade é maior ou igual a 18 E se a pessoa possui carteira de motorista. Ambas as condições precisam ser verdadeiras para que a mensagem "Você pode dirigir." seja impressa.

Conclusão

As condicionais if, elif e else são ferramentas poderosas que permitem que seu código tome decisões com base em condições específicas. Ao usar essas estruturas, você pode controlar o fluxo do seu programa e responder de maneira dinâmica às entradas e estados do seu aplicativo. Combinadas com operadores lógicos e comparativos, essas condicionais ajudam a criar um código mais inteligente e adaptativo, essencial para o desenvolvimento de funcionalidades mais complexas, como as que você implementará no seu chatbot.

Operadores lógicos e comparativos

Para construir um chatbot inteligente e responsivo, é crucial entender como usar operadores lógicos e operadores comparativos. Estes operadores ajudam a criar condições mais complexas e precisas no seu código, permitindo que o chatbot tome decisões baseadas em múltiplos critérios. Vamos explorar como cada um deles funciona e como você pode usá-los para melhorar a lógica do seu aplicativo Python.

1. Operadores Comparativos

Os operadores comparativos são usados para comparar dois valores e determinar a relação entre eles. Aqui estão os operadores comparativos mais comuns em Python:

==: Igual a
   - Compara se dois valores são iguais.
   - Exemplo: a == b retorna True se a e b forem iguais.

!=: Diferente de
   - Compara se dois valores são diferentes.
   - Exemplo: a != b retorna True se a e b forem diferentes.

>: Maior que
   - Compara se o valor à esquerda é maior que o valor à direita.
   - Exemplo: a > b retorna True se a for maior que b.

<: Menor que
   - Compara se o valor à esquerda é menor que o valor à direita.
   - Exemplo: a < b retorna True se a for menor que b.

>=: Maior ou igual a
   - Compara se o valor à esquerda é maior ou igual ao valor à direita.
   - Exemplo: a >= b retorna True se a for maior ou igual a b.

<=: Menor ou igual a
   - Compara se o valor à esquerda é menor ou igual ao valor à direita.

- Exemplo: a <= b retorna True se a for menor ou igual a b.

Aqui está um exemplo prático usando operadores comparativos:

```python
idade = 25

if idade >= 18:
    print("Você é maior de idade.")
else:
    print("Você é menor de idade.")
```

Neste exemplo, o operador >= é usado para verificar se a idade é maior ou igual a 18. Dependendo do resultado da comparação, o chatbot responderá se a pessoa é maior ou menor de idade.

2. Operadores Lógicos

Os operadores lógicos permitem combinar várias condições e criar expressões lógicas mais complexas. Aqui estão os principais operadores lógicos em Python:

and: E lógico
  - Retorna True se ambas as condições forem verdadeiras.
  - Exemplo: a > 10 and b < 5 retorna True apenas se a for maior que 10 e b for menor que 5.

or: Ou lógico
  - Retorna True se pelo menos uma das condições for verdadeira.
  - Exemplo: a > 10 or b < 5 retorna True se a for maior que 10 ou b for menor que 5.

not: Negação lógica

- Inverte o valor lógico de uma condição.
- Exemplo: not (a > 10) retorna True se a não for maior que 10.

Aqui está um exemplo que usa operadores lógicos:

```
idade = 20
possui_cnh = True

if idade >= 18 and possui_cnh:
    print("Você pode dirigir.")
else:
    print("Você não pode dirigir.")
```

Neste exemplo:

idade >= 18 and possui_cnh: O operador and verifica se ambas as condições são verdadeiras: a idade é maior ou igual a 18 e a pessoa possui carteira de motorista. Se ambas as condições forem verdadeiras, a mensagem "Você pode dirigir." será exibida.

Conclusão

Os operadores lógicos e comparativos são ferramentas essenciais para criar lógica de controle eficiente no seu código Python. Usando operadores comparativos, você pode comparar valores e tomar decisões com base em resultados específicos.

Com operadores lógicos, você pode combinar várias condições para construir expressões mais complexas e criar regras de decisão mais refinadas. Com esses operadores, seu chatbot será capaz de processar e responder a entradas de forma mais inteligente e adaptada às necessidades dos usuários.

Implementação de respostas automáticas com base em palavras-chave simples

Para tornar o seu chatbot mais interativo e responsivo, é fundamental implementar respostas automáticas baseadas em palavras-chave simples. Esse é um passo importante que permitirá ao chatbot reconhecer palavras ou frases específicas e responder de forma apropriada. Vamos explorar como você pode usar palavras-chave para criar um sistema de respostas básicas que responde automaticamente a perguntas comuns e comandos dos usuários.

1. Identificação de Palavras-chave

Palavras-chave são termos ou frases que o chatbot deve identificar para oferecer respostas relevantes. Por exemplo, se um usuário digitar "Olá", o chatbot pode reconhecer essa palavra-chave e responder com uma saudação amigável. Para implementar isso, você pode usar a função input() para capturar o que o usuário digita e, em seguida, verificar se a entrada contém uma palavra-chave específica.

Aqui está um exemplo simples de como identificar palavras-chave:

```python
def responder_entrada(entrada_usuario):
    if "olá" in entrada_usuario.lower():
        return "Olá! Como posso ajudar você hoje?"
    elif "como você está" in entrada_usuario.lower():
        return "Estou bem, obrigado! E você?"
    else:
        return "Desculpe, não entendi. Pode reformular sua pergunta?"

# Teste da função
entrada = input("Você: ")
resposta = responder_entrada(entrada)
print("Chatbot:", resposta)
```

Neste exemplo:

- "olá" in entrada_usuario.lower(): Verifica se a palavra "olá" está presente na entrada do usuário. A função lower() é usada para tornar a comparação insensível a maiúsculas e minúsculas.
- elif "como você está" in entrada_usuario.lower(): Verifica se a frase "como você está" está na entrada do usuário.
- else: Se nenhuma das condições anteriores for verdadeira, o chatbot responde com uma mensagem padrão indicando que não entendeu a entrada.

2. Utilizando Funções para Respostas

Para tornar o código mais organizado e reutilizável, você pode criar funções para lidar com diferentes palavras-chave e respostas. Isso facilita a manutenção e a expansão do chatbot. Veja como você pode estruturar isso:

```python
def saudacao():
    return "Olá! Como posso ajudar você hoje?"

def estado():
    return "Estou bem, obrigado! E você?"

def resposta_default():
    return "Desculpe, não entendi. Pode reformular sua pergunta?"

def responder_entrada(entrada_usuario):
    if "olá" in entrada_usuario.lower():
        return saudacao()
    elif "como você está" in entrada_usuario.lower():
        return estado()
    else:
        return resposta_default()

# Teste da função
entrada = input("Você: ")
resposta = responder_entrada(entrada)
print("Chatbot:", resposta)
```

Neste exemplo:

- **saudacao():** Função que retorna a resposta para a palavra-chave "olá".
- **estado():** Função que retorna a resposta para a frase "como você está".
- **resposta_default():** Função que retorna uma resposta padrão quando nenhuma das palavras-chave é identificada.

3. Expandindo as Respostas

À medida que você desenvolve seu chatbot, pode adicionar mais palavras-chave e respostas para cobrir um maior número de perguntas e comandos. Pense nas perguntas mais frequentes ou nas interações que você deseja que o chatbot suporte e adicione essas palavras-chave e respostas à função responder_entrada.

Por exemplo:

```python
def responder_entrada(entrada_usuario):
    if "olá" in entrada_usuario.lower():
        return saudacao()
    elif "como você está" in entrada_usuario.lower():
        return estado()
    elif "qual é o seu nome" in entrada_usuario.lower():
        return "Eu sou um chatbot criado para ajudar você!"
    elif "ajuda" in entrada_usuario.lower():
        return "Claro! Em que posso ajudar?"
    else:
        return resposta_default()
```

Neste exemplo adicional, foram incluídas palavras-chave e respostas para perguntas sobre o nome do chatbot e solicitações de ajuda.

Conclusão

Implementar respostas automáticas com base em palavras-chave simples é uma etapa fundamental para tornar seu chatbot mais funcional e interativo. Ao identificar e responder a palavras-chave específicas, você pode criar um chatbot que entende e responde às perguntas comuns de forma automática e eficiente. Este método proporciona uma base sólida para expandir e refinar as funcionalidades do chatbot, tornando-o mais útil e agradável para os usuários.

Desenvolvimento do App: Adicionar a primeira lógica de respostas

- Criar condições para o chatbot responder a perguntas simples (ex.: "Olá", "Como você está?")
- Objetivo: O chatbot deve ser capaz de responder de forma básica a entradas do usuário.

Desenvolvimento do App: Adicionar a Primeira Lógica de Respostas

Nesta etapa do desenvolvimento do seu chatbot, você irá adicionar a primeira lógica de respostas para que ele possa interagir de maneira básica com os usuários. O objetivo é fazer com que o chatbot seja capaz de reconhecer e responder a algumas perguntas simples, criando uma experiência inicial de conversação. Vamos explorar como você pode configurar essas respostas e garantir que seu chatbot comece a oferecer interações úteis.

1. Criar Condições para Respostas Simples

Para que seu chatbot responda de forma adequada a perguntas comuns, você precisará criar condições que verificam a entrada do usuário e fornecem respostas específicas. Vamos começar com duas perguntas simples: "Olá" e "Como você está?". Você fará isso usando condicionais if, elif e else para determinar qual resposta deve ser exibida com base no que o usuário digita.

Aqui está um exemplo de como você pode implementar isso:

```python
def responder_entrada(entrada_usuario):
    if "olá" in entrada_usuario.lower():
        return "Olá! Como posso ajudar você hoje?"
    elif "como você está" in entrada_usuario.lower():
        return "Estou bem, obrigado! E você?"
    else:
        return "Desculpe, não entendi. Pode reformular sua pergunta?"

# Loop principal para interação com o usuário
while True:
    entrada = input("Você: ")
    resposta = responder_entrada(entrada)
    print("Chatbot:", resposta)
    if entrada.lower() in ["sair", "tchau"]:
        print("Chatbot: Até mais!")
        break
```

Neste exemplo:

- **if "olá" in entrada_usuario.lower():** Verifica se a palavra "olá" está na entrada do usuário. Se estiver, o chatbot responde com uma saudação.
- **elif "como você está" in entrada_usuario.lower():** Verifica se a frase "como você está" está na entrada do usuário. Se estiver, o chatbot responde com uma mensagem sobre seu estado.
- **else:** Se nenhuma das condições anteriores for verdadeira, o chatbot responde com uma mensagem padrão informando que não entendeu a entrada.

2. Testando e Refinando as Respostas

Após adicionar a lógica básica de respostas, é importante testar o chatbot para garantir que ele esteja respondendo corretamente às perguntas simples. Execute o código e interaja com o chatbot para verificar se ele está respondendo conforme o esperado. Experimente diferentes variações de entrada para garantir que o chatbot possa lidar com elas de maneira apropriada.

Por exemplo, você pode testar entradas como "Oi" ou "Como está?" para verificar se o chatbot responde corretamente. Se necessário, ajuste as palavras-chave e respostas para melhorar a precisão da interação.

3. Expandindo as Funções do Chatbot

Com a lógica de respostas básicas implementada, você pode começar a expandir as funcionalidades do seu chatbot. Adicione mais palavras-chave e respostas para cobrir uma variedade maior de perguntas e comandos. Você pode também implementar respostas personalizadas para situações específicas ou integrar funcionalidades adicionais, como responder a perguntas frequentes sobre um tópico específico.

Por exemplo, se o chatbot deve fornecer informações sobre horários de funcionamento, você pode adicionar:

```python
def responder_entrada(entrada_usuario):
    if "olá" in entrada_usuario.lower():
        return "Olá! Como posso ajudar você hoje?"
    elif "como você está" in entrada_usuario.lower():
        return "Estou bem, obrigado! E você?"
    elif "horário de funcionamento" in entrada_usuario.lower():
        return "Estamos abertos de segunda a sexta, das 9h às 18h."
    else:
        return "Desculpe, não entendi. Pode reformular sua pergunta?"
```

Objetivo

O principal objetivo desta etapa é fazer com que o chatbot seja capaz de responder de forma básica a entradas do usuário.

Ao criar e testar as condições para respostas simples, você estabelece uma base sólida para que o chatbot possa interagir de maneira significativa e útil com os usuários.

Com essa base, você poderá expandir e aprimorar o chatbot para oferecer funcionalidades mais complexas e uma experiência de usuário mais rica.

CAPÍTULO 3: FUNÇÕES E MODULARIDADE

INTRODUÇÃO

No terceiro capítulo do nosso livro, vamos avançar na organização do código e modularização do nosso chatbot, um passo essencial para construir um aplicativo robusto e escalável. Nesta etapa, você aprenderá a definir funções com parâmetros e retornos, explorar a importância do reuso de código e entender como organizar seu código por módulos. Estas práticas são fundamentais para criar um chatbot que possa crescer e se adaptar com facilidade.

Definição de Funções: Parâmetros e Retornos

Funções são blocos de código que realizam tarefas específicas e podem ser reutilizadas em diferentes partes do programa. Compreender como definir funções com parâmetros e retornos é crucial para criar um código modular e eficiente. Parâmetros são valores que você passa para uma função para que ela execute sua tarefa, enquanto retornos são os resultados que a função produz e envia de volta.

Reuso de Código e Organização por Módulos

O reuso de código permite que você escreva uma vez e use várias vezes, evitando a repetição e facilitando a manutenção. Organizar o código por módulos ajuda a manter a estrutura limpa e compreensível, agrupando funcionalidades relacionadas em arquivos separados. Esta abordagem não só melhora a legibilidade do código, mas também torna mais fácil a colaboração e a expansão do chatbot.

Melhorando a Organização do Código

À medida que seu chatbot cresce e se torna mais complexo, é essencial melhorar a organização do código para lidar com múltiplas respostas e interações. Isso envolve dividir o código em funções distintas para tratar diferentes tipos de respostas, como saudações, perguntas frequentes e despedidas. Esta organização não só facilita a expansão do chatbot, mas também melhora a eficiência e a clareza do seu código.

Desenvolvimento do App: Modularizar as Respostas do Chatbot

Na prática, você aplicará esses conceitos ao modularizar as respostas do seu chatbot. Ao criar funções dedicadas para diferentes tipos de respostas, como saudações, perguntas e despedidas, você estará criando um sistema mais organizado e fácil de expandir. Cada função será responsável por uma parte específica da interação, tornando o código mais limpo e gerenciável.

Por exemplo, você criará funções como responder_saudacao(), responder_pergunta(), e responder_despedida(), cada uma responsável por uma categoria de resposta. Ao organizar o código dessa forma, você poderá adicionar novas funcionalidades e respostas com maior facilidade e eficiência.

Objetivo

O principal objetivo deste capítulo é organizar o código do seu chatbot para facilitar sua expansão e manutenção. Ao definir funções com parâmetros e retornos, reutilizar código e organizar por módulos, você cria uma base sólida para um chatbot mais complexo e adaptável. Esta abordagem não apenas melhora a estrutura do código, mas também prepara o terreno para futuras melhorias e adições ao seu aplicativo.

Definição de funções: parâmetros, retornos

No desenvolvimento de software, uma das práticas mais importantes é a definição de funções. Funções são blocos de código que realizam tarefas específicas e podem ser reutilizadas em diferentes partes do programa. Em Python, a criação e utilização de funções são facilitadas pela sintaxe simples e clara da linguagem. Compreender como definir funções, trabalhar com parâmetros e gerenciar retornos é essencial para escrever código eficiente e organizado.

O Que São Funções?

Uma função é um conjunto de instruções que executam uma tarefa específica. Ela pode receber dados de entrada, processá-los e retornar um resultado. Em Python, as funções são definidas usando a palavra-chave def, seguida pelo nome da função e uma lista de parâmetros entre parênteses. O código que faz parte da função é indentado abaixo da linha de definição.

Aqui está um exemplo básico de como definir uma função em Python:

```python
def saudacao():
    print("Olá! Como posso ajudar você hoje?")
```

Neste exemplo, a função saudacao() não recebe nenhum parâmetro e não retorna nenhum valor. Quando chamada, ela apenas imprime uma mensagem na tela.

Parâmetros: Passando Dados para Funções

Parâmetros são variáveis que você pode passar para uma função para fornecer dados que ela precisará para realizar sua tarefa. Eles permitem que você torne suas funções mais flexíveis e reutilizáveis. Ao definir uma função, você pode especificar um ou mais parâmetros entre parênteses. Esses parâmetros atuam como placeholders para os valores que serão fornecidos quando a função for chamada.

Aqui está um exemplo de função que usa parâmetros:

```python
def saudacao(nome):
    print(f"Olá, {nome}! Como posso ajudar você hoje?")
```

Neste exemplo, a função saudacao() recebe um parâmetro chamado nome. Quando a função é chamada, você deve fornecer um valor para esse parâmetro. Veja como isso funciona na prática:

python

saudacao("João")

A saída será:

Olá, João! Como posso ajudar você hoje?

Retornos: Enviando Dados de Volta

Além de executar uma tarefa, uma função também pode retornar um valor. O valor retornado pode ser usado em outras partes do código, tornando as funções ainda mais poderosas. Para retornar um valor, você usa a palavra-chave return, seguida pelo valor que deseja enviar de volta. Aqui está um exemplo de uma função que calcula a soma de dois números e retorna o resultado:

```
def somar(a, b):
    resultado = a + b
    return resultado
```

Neste exemplo, a função somar() recebe dois parâmetros (a e b), calcula a soma desses números e retorna o resultado. Veja como utilizar essa função:

```
total = somar(5, 3)
print(total)
```

A saída será:

8

Funções Combinadas: Parâmetros e Retornos

Você pode combinar parâmetros e retornos para criar funções que realizam tarefas mais complexas. Por exemplo, uma função que calcula o preço total de uma compra com desconto pode usar parâmetros para o preço original e o desconto e retornar o preço final:

```
def calcular_preco_final(preco_original, desconto):
    preco_final = preco_original - (preco_original * desconto / 100)
    return preco_final
```

Neste exemplo, a função calcular_preco_final() usa dois

parâmetros: preco_original e desconto. Ela calcula o preço final aplicando o desconto e retorna o resultado.

```
preco_final = calcular_preco_final(100, 15)
print(preco_final)
```

A saída será:

85.0

Benefícios da Definição de Funções

1. Reuso de Código: Funções permitem que você escreva um bloco de código uma vez e o reutilize em diferentes partes do programa. Isso reduz a duplicação e facilita a manutenção do código.

2. Organização: Funções ajudam a dividir o código em partes menores e mais manejáveis, tornando-o mais organizado e mais fácil de entender.

3. Facilidade de Teste e Depuração: Testar e depurar funções individuais é mais simples do que trabalhar com um bloco de código grande. Se algo der errado, você pode isolar e corrigir problemas mais facilmente.

4. Clareza: Funções com nomes descritivos tornam o código mais legível e expressivo, facilitando a compreensão de sua finalidade e funcionamento.

Conclusão

A definição de funções em Python, incluindo o uso de parâmetros e retornos, é uma habilidade fundamental para escrever código eficiente e modular. Compreender como passar dados para funções, retornar valores e combinar esses conceitos permitirá que você crie programas mais poderosos e flexíveis. À medida que você avança em seu desenvolvimento, essas técnicas se tornarão uma parte essencial da sua caixa de ferramentas de programação.

Reuso de código e organização por módulos

No desenvolvimento de software, a organização e reutilização do código são práticas fundamentais que impactam diretamente a manutenção, escalabilidade e eficiência dos programas. Em Python, essas práticas são facilitadas por recursos da linguagem que permitem criar código modular e reutilizável. Vamos explorar como você pode reutilizar código e organizar seu código em módulos para criar aplicações mais robustas e fáceis de gerenciar.

Reuso de Código: O Que É e Por Que É Importante

O reuso de código refere-se à prática de escrever um bloco de código uma vez e utilizá-lo em diferentes partes de um programa, ou até mesmo em diferentes projetos. Esse conceito é crucial para evitar a duplicação desnecessária de código, o que pode levar a erros e aumentar o tempo de manutenção.

Benefícios do Reuso de Código:

1. **Redução de Redundância:** Escrever código uma única vez e reutilizá-lo reduz a duplicação. Isso economiza tempo e esforço, pois você não precisa reescrever o mesmo código várias vezes.
2. **Facilidade de Manutenção:** Quando você precisa atualizar ou corrigir um bloco de código, faz isso em um único local. Isso garante que todas as partes do programa que usam esse código sejam atualizadas simultaneamente.
3. **Menor Probabilidade de Erros:** Código repetido em várias partes do programa pode levar a inconsistências

e erros. O reuso reduz essa possibilidade ao manter o código centralizado.

Organização por Módulos: Estruturando Seu Código

A organização por módulos é uma prática que envolve dividir o código em arquivos separados, chamados de módulos, que agrupam funcionalidades relacionadas. Isso melhora a clareza do código e facilita a manutenção e a colaboração.

Em Python, um módulo é simplesmente um arquivo com a extensão .py que contém definições de funções, classes e variáveis. Módulos podem ser importados em outros arquivos para usar as funcionalidades definidas neles.

Aqui está um exemplo básico de como criar e usar módulos:

1. Criar um Módulo

Suponha que você queira criar um módulo que contém funções matemáticas. Crie um arquivo chamado matematica.py com o seguinte conteúdo:

```
# matematica.py

def somar(a, b):
    return a + b


def subtrair(a, b):
    return a - b
```

2. Importar e Utilizar o Módulo

Agora, em outro arquivo Python, você pode importar e utilizar as funções definidas no módulo matematica.py:

```
# main.py

import matematica

resultado_soma = matematica.somar(5, 3)
resultado_subtracao = matematica.subtrair(10, 4)

print(f"Soma: {resultado_soma}")
print(f"Subtração: {resultado_subtracao}")
```

Neste exemplo:

- **import matematica:** Importa o módulo matematica, tornando suas funções disponíveis no arquivo main.py.
- **matematica.somar(5, 3) e matematica.subtrair(10, 4):** Chamadas das funções definidas no módulo matematica.

Organizando Módulos em Pacotes

À medida que seu projeto cresce, você pode precisar de uma estrutura mais complexa. Para isso, pacotes são uma solução eficaz. Um pacote é uma coleção de módulos organizados em um diretório com um arquivo especial chamado __init__.py. Este arquivo pode estar vazio, mas sua presença indica que o diretório deve ser tratado como um pacote.

Por exemplo, considere a estrutura de diretórios a seguir:

```
meu_projeto/
    __init__.py
    matematica/
        __init__.py
        operacoes.py
    estatistica/
        __init__.py
        analise.py
```

- **meu_projeto/__init__.py:** Arquivo que torna meu_projeto um pacote Python.
- **meu_projeto/matematica/operacoes.py e meu_projeto/estatistica/analise.py:** Módulos contendo funções específicas.
- **meu_projeto/matematica/__init__.py e meu_projeto/estatistica/__init__.py:** Arquivos que tornam os diretórios matematica e estatistica pacotes.

Para importar funções de um módulo dentro de um pacote, você usaria:

```
# main.py

from meu_projeto.matematica.operacoes import somar
from meu_projeto.estatistica.analise import media

resultado_soma = somar(5, 3)
resultado_media = media([1, 2, 3, 4, 5])

print(f"Soma: {resultado_soma}")
print(f"Média: {resultado_media}")
```

Boas Práticas para Reuso de Código e Organização por Módulos

1. Nomeação Clara e Descritiva: Dê nomes significativos aos módulos e funções para que seu propósito seja claro. Por exemplo, operacoes.py é mais informativo do que modulo1.py.

2. Evite Importações Circulares: Importar módulos que dependem um do outro pode causar problemas. Organize seu código para minimizar ou evitar essas dependências.

3. Documente seus Módulos: Use docstrings para documentar o propósito e o uso de funções e módulos. Isso ajuda a manter o código compreensível para você e para outros desenvolvedores.

4. Teste Seus Módulos: Crie scripts de teste para verificar se suas funções estão funcionando corretamente. Isso garante que qualquer mudança no código não introduza erros.

Conclusão

A prática de reuso de código e organização por módulos é essencial para o desenvolvimento de software eficiente e de alta qualidade. Ao dividir seu código em funções reutilizáveis e módulos bem organizados, você melhora a manutenção, a escalabilidade e a clareza do seu projeto. Em Python, essas práticas são facilitadas pela sintaxe intuitiva e pelos poderosos recursos de modularização da linguagem. Adotar essas práticas desde o início de seu projeto ajudará a construir uma base sólida para o desenvolvimento contínuo e a colaboração eficaz.

Melhorando a organização do código para lidar com múltiplas respostas

Quando estamos desenvolvendo um programa, especialmente um chatbot, a organização do código é crucial para garantir que o sistema funcione de forma eficiente e seja fácil de manter. Em Python, uma boa organização do código ajuda a lidar com múltiplas respostas e interações de forma clara e estruturada. Vamos explorar como você pode melhorar a organização do código para gerenciar diferentes tipos de respostas, tornando seu programa mais robusto e fácil de expandir.

1. Entendendo o Problema: Múltiplas Respostas

Um chatbot, por exemplo, precisa responder a uma variedade de perguntas e comandos dos usuários. Isso significa que seu código deve ser capaz de lidar com diferentes tipos de entradas e fornecer respostas apropriadas. Se o código não estiver bem organizado, pode se tornar confuso e difícil de manter à medida que o chatbot cresce.

Imagine que você está construindo um chatbot que deve responder a saudações, perguntas sobre o tempo e solicitações de ajuda. Sem uma boa organização, o código para essas respostas pode se misturar e se tornar difícil de entender. Por isso, é essencial adotar uma abordagem sistemática para manter o código limpo e funcional.

2. Definindo Funções para Respostas Específicas

Uma das maneiras mais eficazes de organizar o código é definir funções separadas para diferentes tipos de respostas. Em vez de ter um grande bloco de código que lida com todas as respostas, você pode criar funções específicas para cada tipo de interação. Isso ajuda a manter o código modular e fácil de gerenciar.

Aqui está um exemplo simples de como você pode definir funções para lidar com diferentes respostas em um chatbot:

```python
def responder_saudacao():
    return "Olá! Como posso ajudar você hoje?"

def responder_pergunta_tempo():
    return "Hoje está ensolarado e a temperatura é de 25°C."

def responder_ajuda():
    return "Para ajuda, você pode me perguntar sobre o tempo, saudações ou outras informações."
```

Cada função é responsável por uma resposta específica, o que facilita a adição ou alteração de respostas no futuro.

3. Usando Condicionais para Direcionar as Respostas

Depois de definir funções para diferentes tipos de respostas, você precisa de uma maneira de decidir qual função chamar com base na entrada do usuário. Para isso, você pode usar estruturas condicionais, como if, elif e else. Essas estruturas permitem que você direcione o fluxo do programa com base nas condições especificadas.

Aqui está um exemplo de como usar condicionais para chamar a função apropriada:

```python
def responder_usuario(entrada):
    if "olá" in entrada.lower():
        return responder_saudacao()
    elif "tempo" in entrada.lower():
        return responder_pergunta_tempo()
    elif "ajuda" in entrada.lower():
        return responder_ajuda()
    else:
        return "Desculpe, não entendi sua pergunta."


# Exemplo de uso
entrada_usuario = "Qual é o tempo hoje?"
resposta = responder_usuario(entrada_usuario)
print(resposta)
```

Neste exemplo, a função responder_usuario() avalia a entrada do usuário e decide qual função de resposta deve ser chamada. Isso ajuda a manter o código organizado e fácil de entender.

4. Organizando o Código em Módulos

À medida que o seu chatbot se torna mais complexo, você pode ter muitas funções e módulos diferentes. Organizar seu código em vários arquivos, chamados de módulos, pode ajudar a manter tudo em ordem. Cada módulo pode conter um grupo relacionado de funções e pode ser importado conforme necessário.

Por exemplo, você pode criar um módulo respostas.py para armazenar todas as funções de resposta:

```python
# respostas.py

def responder_saudacao():
    return "Olá! Como posso ajudar você hoje?"

def responder_pergunta_tempo():
    return "Hoje está ensolarado e a temperatura é de 25°C."

def responder_ajuda():
    return "Para ajuda, você pode me perguntar sobre o tempo, saudações ou outras informações."
```

E então, no arquivo principal do seu chatbot, você pode importar esse módulo e usar as funções definidas:

```python
import respostas


def responder_usuario(entrada):
    if "olá" in entrada.lower():
        return respostas.responder_saudacao()
    elif "tempo" in entrada.lower():
        return respostas.responder_pergunta_tempo()
    elif "ajuda" in entrada.lower():
        return respostas.responder_ajuda()
    else:
        return "Desculpe, não entendi sua pergunta."


# Exemplo de uso
entrada_usuario = "Qual é o tempo hoje?"
resposta = responder_usuario(entrada_usuario)
print(resposta)
```

Organizar o código dessa maneira torna o programa mais modular e mais fácil de gerenciar.

5. Documentando e Testando o Código

Uma boa prática é documentar suas funções e testar o código para garantir que tudo esteja funcionando conforme o esperado. Use docstrings para descrever o que cada função faz e como ela deve ser usada. Além disso, crie testes para verificar se as funções estão retornando as respostas corretas.

```
def responder_saudacao():
    """
    Retorna uma saudação padrão para o usuário.
    """

    return "Olá! Como posso ajudar você hoje?"


# Testando a função
print(responder_saudacao())    # Deve exibir: Olá! Como posso ajudar você hoje?
```

Conclusão

Melhorar a organização do código para lidar com múltiplas respostas é essencial para criar um chatbot eficiente e fácil de manter. Ao definir funções para diferentes tipos de respostas, usar condicionais para direcionar o fluxo do programa e organizar o código em módulos, você cria uma base sólida para seu chatbot. Documentar e testar o código adicionalmente garante que tudo funcione corretamente e facilite a manutenção e expansão do programa. Com essas práticas, seu código será mais limpo, modular e pronto para crescer conforme suas necessidades.

Desenvolvimento do App: Modularizar as respostas do chatbot

No desenvolvimento do seu chatbot, uma das etapas cruciais é modularizar as respostas para tornar o código mais organizado e fácil de expandir. Modularizar significa dividir o código em partes menores e mais gerenciáveis, cada uma responsável por uma função específica. Isso não só facilita a manutenção, mas também permite que você adicione novas funcionalidades de forma mais eficiente.

Passo 1: Criar Funções para Diferentes Tipos de Respostas

A primeira etapa para modularizar o chatbot é criar funções distintas para lidar com diferentes tipos de respostas. Isso envolve definir funções separadas para saudações, perguntas, despedidas e outras interações que o chatbot pode ter com o usuário. Cada função será responsável por gerar uma resposta apropriada com base na entrada do usuário.

Aqui está um exemplo de como você pode definir essas funções:

```python
# Função para saudações
def responder_saudacao():
    return "Olá! Como posso ajudar você hoje?"

# Função para perguntas sobre o tempo
def responder_pergunta_tempo():
    return "Hoje está ensolarado e a temperatura é de 25°C."

# Função para responder pedidos de ajuda
def responder_ajuda():
    return "Para ajuda, você pode me perguntar sobre o tempo, saudações ou outras informações."

# Função para despedidas
def responder_despedida():
    return "Até logo! Se precisar de mais ajuda, estou aqui."
```

Cada função tem um propósito claro e específico, o que facilita a compreensão e a manutenção do código. Quando o chatbot recebe uma entrada, ele pode chamar a função apropriada com base na intenção do usuário.

Passo 2: Organizar o Código em um Módulo

Depois de definir as funções, você deve organizá-las em um módulo para tornar o código mais limpo e gerenciável. Crie um arquivo chamado respostas.py para armazenar todas as funções de resposta. O código ficará assim:

```python
# respostas.py

def responder_saudacao():
    return "Olá! Como posso ajudar você hoje?"

def responder_pergunta_tempo():
    return "Hoje está ensolarado e a temperatura é de 25°C."

def responder_ajuda():
    return "Para ajuda, você pode me perguntar sobre o tempo, saudações ou outras informações."

def responder_despedida():
    return "Até logo! Se precisar de mais ajuda, estou aqui."
```

Este módulo centraliza todas as funções de resposta em um único lugar, o que facilita a manutenção e a expansão do código.

Passo 3: Integrar o Módulo no Chatbot

No arquivo principal do seu chatbot, você precisará importar o módulo respostas e usar as funções definidas nele. O código principal pode parecer assim:

```
# chatbot.py

import respostas

def responder_usuario(entrada):
    if "olá" in entrada.lower():
        return respostas.responder_saudacao()
    elif "tempo" in entrada.lower():
        return respostas.responder_pergunta_tempo()
    elif "ajuda" in entrada.lower():
        return respostas.responder_ajuda()
    elif "adeus" in entrada.lower() or "tchau" in entrada.lower():
        return respostas.responder_despedida()
    else:
        return "Desculpe, não entendi sua pergunta."

# Exemplo de uso
entrada_usuario = "Qual é o tempo hoje?"
resposta = responder_usuario(entrada_usuario)
print(resposta)
```

Exemplo de uso

entrada_usuario = "Qual é o tempo hoje?"
resposta = responder_usuario(entrada_usuario)
print(resposta)

Neste exemplo, a função responder_usuario() utiliza o módulo respostas para retornar a resposta apropriada com base na entrada do usuário. Isso mantém o código principal mais limpo e organizado.

Passo 4: Testar e Expandir o Chatbot

Após modularizar o código, é importante testar o chatbot para garantir que todas as funções estejam funcionando corretamente.

Você pode criar uma série de testes para verificar se as respostas estão corretas e se o chatbot responde de maneira adequada a diferentes entradas.

Além disso, com a estrutura modularizada, adicionar novas funcionalidades se torna mais fácil. Por exemplo, se você quiser adicionar uma nova funcionalidade para responder a perguntas sobre eventos, basta criar uma nova função no módulo respostas e atualizar a função responder_usuario() para incluir a nova funcionalidade.

Conclusão

Modularizar as respostas do chatbot é uma prática essencial para criar um código organizado e escalável. Ao definir funções para diferentes tipos de respostas e organizá-las em um módulo, você facilita a manutenção e a expansão do chatbot. Com uma estrutura modular, seu código se torna mais claro, mais fácil de gerenciar e pronto para crescer conforme as necessidades do projeto.

CAPÍTULO 4: MANIPULAÇÃO DE STRINGS E COMPREENSÃO DE ENTRADAS

INTRODUÇÃO

No desenvolvimento de chatbots e aplicações interativas, a manipulação de strings e a compreensão de entradas são habilidades essenciais para criar uma experiência de usuário eficiente e intuitiva. Neste capítulo, vamos explorar como lidar com strings e processar entradas de texto para melhorar a capacidade do chatbot em interpretar e responder a comandos de forma mais precisa.

O Que Vamos Aprender?

Primeiramente, abordaremos os métodos de manipulação de strings em Python, como split, lower e strip. Esses métodos são ferramentas valiosas para limpar e preparar o texto antes de qualquer processamento adicional. Por exemplo, split permite dividir uma string em partes, lower transforma todo o texto em minúsculas para garantir a consistência, e strip remove espaços desnecessários ao redor das palavras. Essas técnicas são fundamentais para garantir que o chatbot possa lidar com diferentes formatos de entrada de forma eficaz.

Em seguida, discutiremos a comparação de strings e o processamento de palavras. Compreender como comparar e manipular strings é crucial para reconhecer variações nas perguntas dos usuários e fornecer respostas apropriadas. Por exemplo, o chatbot deve ser capaz de identificar que "Oi" e "Olá" são saudações equivalentes, mesmo que sejam palavras diferentes.

Finalmente, abordaremos o tratamento de entradas do usuário para normalizar o texto. Isso envolve técnicas para limpar e ajustar o texto fornecido pelos usuários, garantindo que ele esteja em um formato uniforme e fácil de processar. Com isso, seu chatbot será capaz de reconhecer e responder a diferentes formas de uma mesma pergunta de maneira mais eficiente.

Objetivo do Capítulo

O objetivo deste capítulo é aprimorar a interpretação dos comandos do usuário pelo chatbot. Ao implementar métodos para limpar e processar a entrada de texto, e adicionar variações de respostas para perguntas semelhantes, você melhorará a capacidade do chatbot em reconhecer e reagir adequadamente a diferentes formas de uma mesma consulta. Com essas melhorias, seu chatbot se tornará mais inteligente e capaz de oferecer uma experiência de interação mais fluida e natural.

Métodos de manipulação de strings (split, lower, strip)

Quando trabalhamos com strings em Python, frequentemente precisamos modificar ou processar o texto para atender a diferentes necessidades. Python oferece vários métodos para manipulação de strings que ajudam a limpar e formatar o texto de maneira eficaz. Neste tópico, vamos explorar três métodos fundamentais: split, lower e strip. Esses métodos são essenciais para preparar o texto antes de utilizá-lo em operações como comparação, busca e resposta em um chatbot.

1. Método split

O método split() é usado para dividir uma string em uma lista de substrings com base em um delimitador especificado. Por padrão, o método divide a string usando espaços em branco como delimitadores, mas você pode especificar qualquer outro caractere de separação.

Exemplo:

```
texto = "Olá, como você está?"
palavras = texto.split()  # Divide a string em palavras usando espaços como delimitadores
print(palavras)  # Saída: ['Olá,', 'como', 'você', 'está?']
```

Se você quiser dividir a string usando um caractere específico, como uma vírgula, pode passar esse caractere como argumento para o método split():

```
texto = "maçã,banana,laranja"
frutas = texto.split(',')  # Divide a string em partes usando a vírgula como delimitador
print(frutas)  # Saída: ['maçã', 'banana', 'laranja']
```

2. Método lower

O método lower() transforma todos os caracteres de uma string em minúsculas. Esse método é útil para garantir que as comparações de strings sejam feitas de maneira consistente, independentemente de como o texto foi digitado (maiúsculas ou minúsculas).

Exemplo:

```python
texto = "Olá, Mundo!"
texto_minusculo = texto.lower()  # Converte todos os caracteres para minúsculas
print(texto_minusculo)  # Saída: 'olá, mundo!'
```

Ao usar lower(), você pode comparar strings sem se preocupar com diferenças de maiúsculas e minúsculas:

```python
entrada_usuario = "Olá"
resposta_certa = "olá"

if entrada_usuario.lower() == resposta_certa:
    print("Saudação correta!")
else:
    print("Saudação incorreta.")
```

3. Método strip

O método strip() remove espaços em branco (ou outros caracteres especificados) do início e do final de uma string. Isso é útil para limpar entradas do usuário e garantir que não haja espaços extras que possam afetar a comparação ou o processamento do texto.

Exemplo:

```
texto = "   Olá, Mundo!   "
texto_limpo = texto.strip()  # Remove os espaços em branco no início e no final
print(texto_limpo)  # Saída: 'Olá, Mundo!'
```

Você também pode usar strip() para remover caracteres específicos, passando esses caracteres como argumento para o método:

```
texto = "###Olá, Mundo!###"
texto_limpo = texto.strip('#')  # Remove o caractere '#' do início e do final
print(texto_limpo)  # Saída: 'Olá, Mundo!'
```

Aplicação no Desenvolvimento do Chatbot

No desenvolvimento de um chatbot, esses métodos são extremamente úteis para processar e normalizar a entrada do usuário. Ao usar split() para dividir a entrada em palavras, lower() para garantir que a comparação seja feita sem diferenciar maiúsculas de minúsculas, e strip() para limpar espaços e caracteres extras, você pode melhorar a precisão e a eficácia do chatbot ao interpretar e responder às mensagens dos usuários.

Por exemplo, ao receber uma mensagem de saudação como " Olá ", você pode usar strip() para remover os espaços extras e lower() para garantir que a comparação seja feita corretamente:

```
entrada_usuario = "Olá"
resposta_certa = "olá"

if entrada_usuario.lower() == resposta_certa:
    print("Saudação correta!")
else:
    print("Saudação incorreta.")
```

Com esses métodos, seu chatbot estará mais preparado para lidar com entradas variadas e oferecer respostas precisas, melhorando a experiência do usuário.

Comparação de strings e processamento de palavras

No desenvolvimento de aplicativos que interagem com o texto, como chatbots e sistemas de busca, a comparação de strings e o processamento de palavras são habilidades essenciais. Esses conceitos ajudam a interpretar corretamente a entrada do usuário e a fornecer respostas apropriadas. Vamos explorar como comparar strings e processar palavras em Python para melhorar a funcionalidade do seu chatbot.

Comparação de Strings

Comparar strings envolve verificar se duas cadeias de texto são iguais ou se uma é maior ou menor do que a outra. Em Python, você pode usar operadores de comparação para realizar essas tarefas.

1. Igualdade e Desigualdade

Para verificar se duas strings são iguais, você usa o operador ==.

Para verificar se duas strings são diferentes, você usa !=.

Exemplo:

```python
texto1 = "Olá"
texto2 = "Olá"
texto3 = "Oi"

# Verificando igualdade
print(texto1 == texto2)  # Saída: True

# Verificando desigualdade
print(texto1 != texto3)  # Saída: True
```

2. Comparação Lexicográfica

Você pode comparar strings usando os operadores <, >, <=, e >=. Isso compara as strings com base na ordem lexicográfica (ordem alfabética).

Exemplo:

```python
texto1 = "Apple"
texto2 = "Banana"

# Comparando strings
print(texto1 < texto2)  # Saída: True, porque 'Apple' vem antes de 'Banana' no alfabeto
```

Processamento de Palavras

Processar palavras envolve dividir uma string em palavras, manipular essas palavras e usar informações sobre elas para diferentes propósitos. Aqui estão algumas técnicas comuns para processar palavras em Python:

1. Dividir uma String em Palavras

Usamos o método split() para dividir uma string em uma lista de palavras com base em espaços em branco ou outros delimitadores.

Exemplo:

```python
texto = "Olá, como você está?"
palavras = texto.split()  # Divide a string em palavras
print(palavras)  # Saída: ['Olá,', 'como', 'você', 'está?']
```

2. Remover Pontuações e Espaços

Após dividir uma string em palavras, você pode precisar remover pontuações e espaços extras. Isso pode ser feito com o método strip() e funções de substituição de caracteres.

Exemplo:

```python
import string

texto = "Olá, mundo!"
palavras = texto.split()
palavras_limpas = [palavra.strip(string.punctuation) for palavra in palavras]
print(palavras_limpas)  # Saída: ['Olá', 'mundo']
```

3. Contar Ocorrências de Palavras

Você pode contar quantas vezes uma palavra específica aparece em uma string usando o método count().

Exemplo:

```
texto = "Olá, olá, mundo!"
contagem_ola = texto.lower().count("olá")   # Conta a ocorrência de "olá" ignorando maiúsculas
print(contagem_ola)   # Saída: 2
```

Aplicação no Desenvolvimento do Chatbot

No contexto de um chatbot, a comparação de strings e o processamento de palavras são cruciais para entender e responder às mensagens do usuário. Aqui estão algumas formas de aplicar esses conceitos:

1. Identificar Intenções do Usuário

Você pode usar comparação de strings para identificar a intenção do usuário com base em palavras-chave ou frases específicas. Por exemplo, ao comparar a entrada do usuário com uma lista de saudações, o chatbot pode identificar se o usuário está tentando cumprimentá-lo.

Exemplo:

```
entrada_usuario = "Oi"
saudacoes = ["olá", "oi", "bom dia"]

if entrada_usuario.lower() in saudacoes:
    print("Saudação detectada!")
```

2. Processar Variações de Perguntas

Ao processar palavras, o chatbot pode lidar com variações na forma como as perguntas são feitas. Por exemplo, você pode remover pontuações e espaços extras antes de comparar as perguntas dos usuários com respostas predefinidas.

Exemplo:

```
entrada_usuario = "Qual é o tempo hoje? "
entrada_usuario = entrada_usuario.strip().lower()
perguntas = ["qual é o tempo hoje", "como está o tempo"]

if entrada_usuario in perguntas:
    print("Resposta sobre o tempo.")
```

3. Adaptar Respostas

Você pode criar um sistema que adapte as respostas com base no processamento de palavras. Se um usuário faz uma pergunta similar a uma resposta anterior, o chatbot pode gerar uma resposta correspondente, mesmo que a forma como a pergunta é feita varie um pouco.

Exemplo:

```
entrada_usuario = "Estou bem, e você?"
respostas = {
    "como você está": "Estou bem, obrigado!",
    "está tudo bem": "Estou bem, obrigado!",
}

entrada_usuario = entrada_usuario.lower().strip()
for chave in respostas:
    if chave in entrada_usuario:
        print(respostas[chave])
```

Conclusão

A comparação de strings e o processamento de palavras são ferramentas poderosas no desenvolvimento de chatbots e outros sistemas baseados em texto. Com essas técnicas, você pode melhorar a capacidade do chatbot de interpretar e responder a diferentes formas de entrada de texto, tornando a interação mais natural e eficiente. Ao dominar esses conceitos, você estará no caminho certo para criar um chatbot inteligente e responsivo.

Tratamento de entradas do usuário para normalizar o texto

Quando um chatbot ou qualquer aplicação de processamento de texto recebe entradas dos usuários, é crucial que o texto seja tratado e normalizado adequadamente. A normalização do texto garante que a entrada do usuário seja consistente e esteja em um formato que facilite a análise e a resposta. Neste tópico, vamos explorar como realizar o tratamento de entradas para normalizar o texto, garantindo que o chatbot possa interpretar e responder às mensagens dos usuários de forma eficiente e precisa.

1. Remoção de Espaços em Branco

Espaços em branco extras antes e depois do texto podem interferir na interpretação da entrada. Usar o método strip() remove esses espaços indesejados, garantindo que a entrada esteja limpa.

Exemplo:

```python
entrada_usuario = "   Olá, como você está?   "
entrada_normalizada = entrada_usuario.strip()
print(entrada_normalizada)  # Saída: 'Olá, como você está?'
```

2. Conversão para Minúsculas

Para garantir que a comparação de strings não seja afetada pela diferenciação entre maiúsculas e minúsculas, você deve converter o texto para minúsculas usando o método lower(). Isso assegura que todas as comparações sejam feitas de forma consistente.

Exemplo:

```python
entrada_usuario = "   Olá, como você está?   "
entrada_normalizada = entrada_usuario.strip()
print(entrada_normalizada)  # Saída: 'Olá, como você está?'
```

3. Remoção de Pontuações

Pontuações podem ser irrelevantes para a interpretação do texto, especialmente quando se trata de comparações e processamento. Usar o módulo string para remover pontuações pode ajudar a limpar a entrada.

Exemplo:

```
import string

entrada_usuario = "Olá! Como você está?"
entrada_normalizada = entrada_usuario.translate(str.maketrans('', '', string.punctuation))
print(entrada_normalizada)  # Saída: 'Olá Como você está'
```

4. Substituição de Sinônimos e Variações

Para melhorar a compreensão, substitua variações de palavras ou sinônimos por um termo padrão. Isso ajuda o chatbot a tratar diferentes formas de uma mesma pergunta ou comando da mesma maneira.

Exemplo:

```
sinonimos = {
    "oi": "olá",
    "ola": "olá",
    "bom dia": "olá",
    "tchau": "adeus",
    "adeus": "adeus"
}

entrada_usuario = "Oi, tudo bem?"
entrada_normalizada = sinonimos.get(entrada_usuario.lower().strip(), entrada_usuario.lower())
print(entrada_normalizada)  # Saída: 'olá, tudo bem?'
```

5. Correção Ortográfica Simples

Em alguns casos, pode ser útil aplicar correção ortográfica básica para lidar com erros de digitação comuns. Embora isso possa ser mais complexo, para textos simples, pode-se usar substituições básicas.

Exemplo:

```
correcoes = {
    "q": "que",
    "vc": "você",
    "tb": "também"
}

entrada_usuario = "Oi, q vc vai fazer?"
entrada_normalizada = " ".join(correcoes.get(palavra, palavra) for palavra in entrada_usuario.lower().split())
print(entrada_normalizada)  # Saída: 'Oi, que você vai fazer?'
```

6. Tratamento de Formatação

Formatação extra, como múltiplos espaços, podem ser removidos para garantir uma entrada uniforme. Isso pode ser feito com o método re.sub() para substituir múltiplos espaços por um único espaço.

Exemplo:

```
import re

entrada_usuario = "Olá,    como    você    está?"
entrada_normalizada = re.sub(r'\s+', ' ', entrada_usuario).strip()
print(entrada_normalizada)  # Saída: 'Olá, como você está?'
```

Aplicação no Desenvolvimento do Chatbot

Ao aplicar essas técnicas de normalização no seu chatbot, você melhora significativamente a capacidade do sistema de entender e processar a entrada do usuário. Isso garante que o chatbot responda de forma precisa, mesmo quando o texto enviado pelo usuário contém variações, erros ou formatação inconsistente.

Exemplo de Integração:

```python
import string
import re

def normalizar_entrada(entrada):
    entrada = entrada.strip() # Remove espaços em branco
    entrada = entrada.lower() # Converte para minúsculas
    entrada = entrada.translate(str.maketrans('', '', string.punctuation)) # Remove pontuações
    entrada = re.sub(r'\s+', ' ', entrada) # Remove múltiplos espaços
    return entrada

entrada_usuario = "   Oi!!!   Como  você está?   "
entrada_normalizada = normalizar_entrada(entrada_usuario)
print(entrada_normalizada) # Saída: 'oi como você está'
```

Conclusão

O tratamento e a normalização das entradas do usuário são passos fundamentais para garantir que o chatbot possa interpretar e responder corretamente às mensagens. Aplicando técnicas como remoção de espaços em branco, conversão para minúsculas, remoção de pontuações e substituição de sinônimos, você pode criar um sistema mais robusto e eficiente. Com uma entrada uniformizada, seu chatbot estará melhor equipado para fornecer respostas precisas e uma experiência de usuário mais satisfatória.

Desenvolvimento do App: Melhorar a interpretação de comandos do usuário

No desenvolvimento de um chatbot, um dos maiores desafios é garantir que ele compreenda corretamente a intenção do usuário, independentemente da forma como a pergunta é feita. Isso é essencial para proporcionar uma interação fluida e natural. No Capítulo 4, vamos focar em aprimorar a capacidade do nosso chatbot de reconhecer e interpretar diferentes variações de uma mesma pergunta ou comando.

O Desafio da Interpretação de Comandos

Os usuários podem se expressar de maneiras muito diferentes ao interagir com um chatbot. Uma saudação pode ser feita de várias formas: "Oi", "Olá", "Bom dia", e assim por diante. Se o chatbot não for capaz de reconhecer essas variações, a comunicação será prejudicada e o chatbot pode não responder adequadamente. Portanto, melhorar a interpretação de comandos envolve ensinar o chatbot a identificar e tratar essas diferentes formas de uma mesma mensagem como equivalentes.

O nosso objetivo é implementar técnicas que permitirão ao chatbot entender diversas maneiras de expressar a mesma pergunta ou comando. Isso envolve:

1. **Normalização do Texto:** Usar métodos de manipulação de strings para limpar e formatar a entrada do usuário, garantindo que todas as variações sejam tratadas de maneira uniforme.

2. **Criação de Regras e Padrões:** Definir regras que permitam ao chatbot reconhecer sinônimos e diferentes formas de uma mesma consulta. Por exemplo, "Oi" e "Olá" devem ser tratados como equivalentes.

3. **Implementação de Variações de Respostas:** Garantir que o chatbot possa fornecer respostas apropriadas e consistentes, independentemente da forma como a pergunta é feita.

Com essas melhorias, o chatbot será capaz de interpretar comandos de maneira mais precisa e oferecer uma experiência de usuário mais satisfatória e intuitiva. Ao reconhecer diferentes formas de uma mesma pergunta, o chatbot se tornará mais eficiente na interação com os usuários, garantindo que eles se sintam compreendidos e bem atendidos.

No desenvolvimento de um chatbot, uma das tarefas mais importantes é garantir que ele possa interpretar corretamente as intenções dos usuários, independentemente das variações na forma como a entrada é apresentada. Para oferecer uma experiência de interação mais natural e eficiente, é essencial que o chatbot possa entender e responder a diferentes formas de uma mesma pergunta. No Capítulo 4, vamos focar em técnicas para melhorar a interpretação dos comandos do usuário, assegurando que o chatbot reconheça e responda adequadamente a diferentes variações de uma mesma mensagem.

Implementação de Métodos para Limpar e Processar a Entrada de Texto

A primeira etapa para melhorar a interpretação é limpar e processar a entrada do usuário. Isso envolve várias técnicas que ajudam a uniformizar o texto e a remover elementos que possam interferir na interpretação correta. Aqui estão as principais técnicas que serão implementadas:

1. Remover Espaços em Branco:

Usaremos o método strip() para eliminar espaços extras no início e no final da entrada. Isso ajuda a garantir que comparações de texto não sejam afetadas por espaços desnecessários.

2. Converter para Minúsculas:

Utilizaremos o método lower() para transformar toda a entrada em minúsculas, garantindo que as comparações não sejam afetadas por diferenças de maiúsculas e minúsculas.

3. Remover Pontuações:

Aplicaremos o método translate() para remover pontuações que possam estar presentes na entrada. Isso ajuda a simplificar a entrada e garantir comparações mais consistentes.

4. Substituir Sinônimos e Variações:

Criaremos um dicionário de sinônimos para substituir variações comuns de palavras e frases, garantindo que diferentes formas de uma mesma expressão sejam tratadas da mesma forma.

5. Remover Múltiplos Espaços:

Utilizaremos expressões regulares para substituir múltiplos espaços entre palavras por um único espaço, o que ajuda a manter a entrada uniforme.

6. Corrigir Erros Ortográficos Simples:

Implementaremos correções básicas para erros comuns de digitação, o que pode melhorar a precisão na interpretação da entrada do usuário.

Exemplo de Implementação:

```python
import string
import re

def processar_entrada(entrada):
    entrada = entrada.strip()   # Remove espaços em branco
    entrada = entrada.lower()   # Converte para minúsculas
    entrada = entrada.translate(str.maketrans('', '', string.punctuation))
    entrada = re.sub(r'\s+', ' ', entrada)   # Remove múltiplos espaços
    return entrada
```

Adicionar Variações de Respostas para Perguntas Semelhantes

Após limpar e processar a entrada, o próximo passo é garantir que o chatbot possa responder de forma apropriada a diferentes formas de uma mesma pergunta. Para isso, adicionaremos variações de respostas para perguntas semelhantes. Isso envolve criar um conjunto de respostas para diferentes maneiras de fazer a mesma pergunta e usar a entrada processada para determinar qual resposta fornecer.

Exemplo de Implementação:

```python
def responder_usuario(entrada):
    entrada_processada = processar_entrada(entrada)
    respostas = {
        "olá": "Olá! Como posso ajudar você hoje?",
        "como você está": "Estou bem, obrigado! E você?",
        "adeus": "Até logo! Tenha um ótimo dia!"
    }
    return respostas.get(entrada_processada, "Desculpe, não entendi sua pergunta.")
```

Testando o chatbot:

```python
entrada_usuario = "   Oi!!!   Como  você está?   "
print(responder_usuario(entrada_usuario))  # Saída: 'Estou bem, obrigado! E você?'
```

Objetivo

O objetivo dessa etapa é garantir que o chatbot possa reconhecer e responder a diferentes formas de uma mesma pergunta de forma eficaz. Ao implementar métodos para limpar e processar a entrada do usuário e adicionar variações de respostas, o chatbot será capaz de oferecer uma experiência mais natural e precisa. Isso permitirá que o chatbot entenda e responda de maneira apropriada a uma ampla gama de entradas dos usuários, melhorando a interação e a satisfação geral com o sistema.

CAPÍTULO 5:
ESTRUTURAS DE
DADOS E EXPANSÃO
DAS RESPOSTAS

INTRODUÇÃO

Até agora, construímos a base do nosso chatbot com uma estrutura simples de perguntas e respostas. No entanto, para criar uma experiência mais rica e envolvente para o usuário, é essencial que o chatbot seja capaz de lidar com respostas mais dinâmicas e variadas. Isso é possível por meio da utilização de listas e dicionários, duas das estruturas de dados mais poderosas em Python.

Neste capítulo, vamos explorar como dicionários podem ser utilizados para armazenar padrões de perguntas e respostas, permitindo uma maior flexibilidade. Além disso, introduziremos o conceito de listas, que serão usadas para gerar respostas aleatórias a uma mesma pergunta, tornando o comportamento do chatbot mais dinâmico e imprevisível.

Utilização de Listas e Dicionários

Listas em Python são coleções de itens organizadas de forma sequencial, permitindo armazenar múltiplos valores que podem ser acessados por meio de índices. Isso será útil para armazenar diferentes respostas que o chatbot pode oferecer para a mesma pergunta.

Dicionários, por outro lado, são coleções de pares chave-valor, onde cada chave está associada a um valor específico. No caso do chatbot, podemos usar um dicionário para armazenar diferentes perguntas como chaves, associando-as a respostas específicas, que podem ser listas de respostas possíveis.

Armazenamento de Padrões de Resposta em Dicionários

Para tornar as interações mais ricas, vamos utilizar dicionários para armazenar perguntas como chaves e as respostas correspondentes como valores. Isso cria uma base de dados simples, permitindo que o chatbot acesse e responda a diferentes perguntas de forma organizada. Além disso, ao associar cada pergunta a uma lista de possíveis respostas, podemos tornar as respostas do chatbot mais variadas.

Utilização de Listas para Respostas Aleatórias

A lista permitirá que o chatbot selecione uma resposta aleatória dentre várias possíveis, o que dará a sensação de que ele não está sempre repetindo as mesmas respostas. Vamos usar a função random.choice() para escolher uma resposta aleatoriamente da lista. Por exemplo, se o usuário perguntar "Como você está?", o chatbot pode responder de várias maneiras, como "Estou bem, e você?" ou "Tudo ótimo por aqui!". Com isso, o chatbot parecerá mais natural e envolvente.

Desenvolvimento do App: Adicionando Complexidade nas Respostas

Nesta etapa do desenvolvimento, você vai:

1. Criar um dicionário de perguntas e respostas:

As perguntas serão armazenadas como chaves, e as respostas, como listas de respostas possíveis, serão associadas a essas chaves.

2. Implementar respostas aleatórias:

Utilizar a função random.choice() para que o chatbot selecione uma resposta diferente a cada vez que a mesma pergunta for feita.

Exemplo de Implementação:

```python
import random

# Dicionário de perguntas e listas de respostas possíveis
respostas = {
    "olá": ["Oi! Como posso ajudar?", "Olá! O que você precisa?", "Oi! Tudo bem por aí?"],
    "como você está": ["Estou bem, e você?", "Tudo ótimo, obrigado!", "Estou funcionando perfeitamente!"],
    "adeus": ["Até mais!", "Tchau! Volte logo!", "Adeus! Tenha um ótimo dia!"]
}

def responder_usuario(entrada):
    entrada_processada = processar_entrada(entrada)  # Função de processamento que já criamos
    if entrada_processada in respostas:
        return random.choice(respostas[entrada_processada])  # Seleciona uma resposta aleatória
    else:
        return "Desculpe, não entendi sua pergunta."

# Testando o chatbot
entrada_usuario = "Como você está?"
print(responder_usuario(entrada_usuario))  # Resposta aleatória de uma das opções da lista
```

Objetivo

O objetivo desta etapa é tornar o chatbot mais interativo, dinâmico e menos previsível. Ao armazenar perguntas e respostas em dicionários e ao utilizar listas para gerar respostas variadas, você vai criar um chatbot que responde de forma mais interessante e envolvente. Isso faz com que as interações pareçam mais naturais, aumentando a satisfação do usuário ao se comunicar com o chatbot.

Utilização de Listas e Dicionários em Python

Listas e dicionários são duas das estruturas de dados mais fundamentais e versáteis em Python, amplamente utilizadas para organizar e manipular informações. Entender como funcionam essas duas estruturas é essencial para o desenvolvimento de aplicativos e, no caso deste curso, será fundamental para a construção do chatbot.

O que é uma Lista?

Uma lista é uma coleção de itens ordenados, onde cada item é armazenado em uma posição específica. Esses itens podem ser de qualquer tipo: números, strings, ou até mesmo outras listas. As listas são mutáveis, o que significa que você pode adicionar, remover ou modificar elementos após a criação da lista.

Sintaxe de uma lista em Python:

```python
minha_lista = [1, 2, 3, 4, 5]
```

Você pode acessar itens individuais dentro de uma lista usando o índice do item, que começa em 0. Por exemplo:

```python
primeiro_item = minha_lista[0]  # Acessa o primeiro item da lista (1)
```

Além disso, listas podem conter dados mistos:

```python
lista_mista = [1, "olá", True, 3.14]
```

As operações comuns em listas incluem adicionar itens (append()), remover itens (remove()), verificar se um item está presente (in), entre outras:

```
minha_lista.append(6)    # Adiciona o número 6 à lista
minha_lista.remove(2)    # Remove o número 2 da lista
```

O que é um Dicionário?

Um dicionário é uma coleção de pares chave-valor, onde cada chave está associada a um valor específico. É como um mapa em que, ao fornecer a chave, você obtém o valor correspondente. Diferente das listas, onde os itens são acessados por meio de índices numéricos, nos dicionários acessamos os valores por meio de suas chaves.

Sintaxe de um dicionário em Python:

```
meu_dicionario = {
    "nome": "João",
    "idade": 30,
    "cidade": "São Paulo"
}
```

Para acessar o valor de uma chave:

```
idade = meu_dicionario["idade"]  # Acessa o valor associado à chave "idade" (30)
```

Dicionários também são mutáveis, o que significa que você pode adicionar, remover ou modificar pares chave-valor.

```
meu_dicionario["profissao"] = "Engenheiro"
```

Listas e Dicionários no Desenvolvimento de Aplicações

Quando estamos desenvolvendo aplicativos mais complexos, como um chatbot, o uso de listas e dicionários se torna indispensável. Eles permitem organizar dados de maneira eficiente e flexível.

- Listas podem ser usadas para armazenar múltiplas respostas possíveis para uma mesma pergunta, permitindo que o chatbot selecione uma resposta aleatória e não fique repetitivo.

- Dicionários são extremamente úteis para mapear perguntas a respostas. No caso do chatbot, podemos associar diferentes entradas do usuário (chaves) a respostas correspondentes (valores), o que facilita a estruturação das interações.

Exemplo Prático com Listas e Dicionários

Vamos combinar listas e dicionários no contexto de um chatbot. Suponha que queremos que o chatbot responda de maneira variada a uma saudação como "Olá". Primeiro, criamos um dicionário onde a chave é a saudação e o valor é uma lista de possíveis respostas:

```
respostas = {
    "olá": ["Oi!", "Olá! Como vai?", "Oi, tudo bem?"],
    "adeus": ["Até logo!", "Tchau, volte logo!", "Adeus!"]
}
```

Agora, ao receber uma saudação do usuário, o chatbot pode selecionar uma resposta aleatória da lista correspondente:

```
import random

def responder_usuario(entrada):
    if entrada in respostas:
        return random.choice(respostas[entrada])
    else:
        return "Desculpe, não entendi sua pergunta."
```

Com isso, se o usuário digitar "olá", o chatbot pode responder de maneira imprevisível, tornando a interação mais natural.

Conclusão

Tanto as listas quanto os dicionários são ferramentas poderosas que permitem organizar e processar dados de forma eficiente em Python. Ao utilizar listas para armazenar respostas múltiplas e dicionários para mapear perguntas a essas respostas, conseguimos criar um chatbot que interage de maneira mais rica e interessante com o usuário, fornecendo respostas dinâmicas e diversificadas.

Armazenamento de padrões de resposta em dicionários

Em Python, os dicionários são uma das estruturas de dados mais úteis e versáteis, especialmente quando se trata de criar sistemas que envolvem mapeamento de dados, como um chatbot. Um dicionário permite que você armazene pares de chave-valor, onde cada chave tem um valor associado. Isso os torna ideais para armazenar padrões de perguntas e respostas em um chatbot, já que podemos usar as perguntas como chaves e as respostas como valores.

Como Funciona um Dicionário?

Um dicionário em Python é uma coleção de itens, em que cada item é composto por uma chave e um valor. As chaves são únicas dentro do dicionário, ou seja, não podem se repetir. Os valores, por outro lado, podem ser qualquer tipo de dado: strings, números, listas, ou até mesmo outros dicionários.

A sintaxe básica de um dicionário em Python é:

```
meu_dicionario = {
    "chave1": "valor1",
    "chave2": "valor2",
    "chave3": "valor3"
}
```

No caso de um chatbot, podemos usar as perguntas do usuário como chaves, e as respostas como valores correspondentes. Isso nos permite estruturar as respostas do chatbot de forma organizada e rápida.

Aplicação de Dicionários em Chatbots

Quando o chatbot recebe uma entrada do usuário, ele precisa processar essa entrada e responder de acordo com um conjunto de padrões predefinidos. Para isso, utilizamos um dicionário, onde as perguntas mais comuns são as chaves e as respostas associadas são os valores.

Por exemplo, se o usuário perguntar "Olá", o chatbot pode verificar se a palavra "olá" está armazenada como uma chave no dicionário. Se encontrar, ele retorna a resposta correspondente, que pode ser uma saudação. Veja como isso pode ser implementado:

```python
# Dicionário de perguntas e respostas
respostas = {
    "olá": "Oi! Como posso ajudar?",
    "adeus": "Até logo! Volte sempre!",
    "como você está": "Estou bem, obrigado! E você?",
}
```

Agora, podemos criar uma função que verifica a entrada do usuário e retorna a resposta apropriada:

```python
def responder_usuario(entrada):
    if entrada in respostas:
        return respostas[entrada]  # Retorna a resposta correspondente à pergunta
    else:
        return "Desculpe, não entendi sua pergunta."
```

Armazenando Várias Respostas com Listas

Embora o dicionário funcione bem para armazenar uma única

resposta para cada pergunta, também podemos torná-lo mais dinâmico armazenando listas como valores. Assim, para uma mesma pergunta, o chatbot poderá oferecer respostas variadas, tornando a interação mais natural.

Aqui está um exemplo de como isso pode ser feito:

```python
# Dicionário de perguntas e múltiplas respostas
respostas = {
    "olá": ["Oi!", "Olá! Como vai?", "Oi, tudo bem!"],
    "adeus": ["Tchau!", "Até logo!", "Adeus!"],
    "como você está": ["Estou bem, e você?", "Tudo ótimo!", "Estou funcionando perfeitamente!"]
}

import random

def responder_usuario(entrada):
    if entrada in respostas:
        return random.choice(respostas[entrada])  # Escolhe uma resposta aleatória da lista
    else:
        return "Desculpe, não entendi sua pergunta."
```

Neste caso, para cada entrada como "olá" ou "adeus", o chatbot vai escolher aleatoriamente uma resposta da lista associada, criando uma interação mais variada.

Vantagens do Armazenamento em Dicionários

- **Organização e clareza:** O uso de dicionários torna o código mais organizado, pois cada chave está claramente associada a um valor, facilitando a leitura e manutenção.
- **Velocidade de acesso:** Dicionários oferecem acesso rápido às respostas, já que o Python é otimizado para buscar chaves em dicionários de forma eficiente.
- **Flexibilidade:** Podemos adicionar, modificar ou remover pares de chave-valor conforme necessário, permitindo que o chatbot seja facilmente ajustado e ampliado.
- **Suporte a múltiplas respostas:** Com o uso de listas dentro dos dicionários, podemos tornar o comportamento do chatbot mais dinâmico e menos repetitivo, oferecendo várias respostas para a mesma entrada.

Exemplo Completo de Implementação

Aqui está um exemplo de um chatbot simples que utiliza um dicionário para armazenar padrões de resposta:

```python
import random

# Dicionário com perguntas e respostas
respostas = {
    "olá": ["Oi! Como posso ajudar?", "Olá! Tudo bem por aí?", "Oi! O que você precisa?"],
    "adeus": ["Tchau! Volte sempre!", "Até mais!", "Adeus! Tenha um ótimo dia!"],
    "como você está": ["Estou bem, e você?", "Tudo ótimo, obrigado!", "Estou funcionando perfeitamente!"]
}

def processar_entrada(entrada):
    entrada = entrada.lower()  # Normaliza a entrada do usuário (ex: converte para minúsculas)
    return entrada.strip()     # Remove espaços em branco extras

def responder_usuario(entrada):
    entrada_processada = processar_entrada(entrada)
    if entrada_processada in respostas:
        return random.choice(respostas[entrada_processada])  # Escolhe uma resposta aleatória da lista
    else:
        return "Desculpe, não entendi sua pergunta."

# Testando o chatbot
entrada_usuario = "Olá"
print(responder_usuario(entrada_usuario)  ↓ # Responde com uma das opções aleatórias
```

Conclusão

O armazenamento de padrões de resposta em dicionários é uma maneira simples e eficaz de estruturar a lógica de um chatbot. Com dicionários, podemos facilmente mapear perguntas a respostas e melhorar a experiência do usuário ao incluir múltiplas respostas para a mesma entrada. Isso permite que o chatbot se torne mais interativo, responsivo e menos previsível, oferecendo uma experiência de comunicação mais agradável e natural.

Utilização de listas para respostas aleatórias

Em Python, listas são estruturas de dados versáteis que permitem armazenar múltiplos valores em uma única variável. No contexto de um chatbot, podemos usar listas para armazenar diversas respostas possíveis para uma mesma pergunta e, em seguida, escolher uma resposta de forma aleatória. Isso torna a interação com o chatbot mais dinâmica e menos repetitiva, proporcionando uma experiência mais natural para o usuário.

O Que São Listas?

Listas em Python são coleções de elementos que podem ser de qualquer tipo de dado, como strings, números ou até outras listas. A sintaxe básica de uma lista é simples:

```python
minha_lista = ["resposta1", "resposta2", "resposta3"]
```

Os elementos dentro de uma lista podem ser acessados, modificados e manipulados de várias maneiras. Quando usamos listas em um chatbot, podemos armazenar várias respostas para uma mesma entrada do usuário e depois escolher uma aleatoriamente.

Exemplo de Uso em um Chatbot

Suponha que você deseja que o chatbot tenha várias respostas possíveis para saudações como "Olá" ou "Oi". Podemos criar uma lista com todas as respostas possíveis para essa saudação e, em seguida, usar a função random.choice() para escolher uma delas aleatoriamente. Veja o exemplo:

```
import random

# Lista com várias respostas para a saudação "Olá"
respostas_ola = ["Oi! Como posso ajudar?", "Olá! Tudo bem por aí?", "Oi! O que você precisa?", "Olá! Como vai você?"]

# Função que escolhe uma resposta aleatória
def responder_ola():
    return random.choice(respostas_ola)

# Testando a função
print(responder_ola()) # Vai imprimir uma resposta aleatória cada vez que for executada
```

Aqui, cada vez que o usuário disser "Olá", o chatbot responderá com uma das respostas da lista de forma aleatória, evitando que o usuário receba sempre a mesma resposta.

Como Funciona o Random Choice

A função random.choice() é usada para selecionar um item aleatoriamente de uma sequência, como uma lista. Ela torna o comportamento do chatbot mais variado, garantindo que o usuário tenha uma experiência mais interessante e menos previsível. Aqui está um exemplo de como funciona:

```
import random

# Lista de respostas possíveis
respostas = ["Oi! Como posso ajudar?", "Olá! Tudo bem?", "Oi! O que você precisa?", "E aí! Como está?"]

# Escolhendo uma resposta aleatória
resposta_escolhida = random.choice(respostas)
print(resposta_escolhida)
```

Toda vez que você executa esse código, a função random.choice() seleciona uma das respostas da lista, proporcionando uma variedade de interações para o usuário.

Aplicando Listas a Múltiplas Perguntas

Agora, imagine que você queira aplicar essa lógica a várias perguntas do chatbot. Você pode combinar listas e dicionários para armazenar diferentes listas de respostas para várias perguntas. Veja um exemplo em que usamos um dicionário para armazenar as perguntas e listas de respostas associadas:

```python
import random

# Dicionário com perguntas e listas de respostas possíveis
respostas_chatbot = {
    "olá": ["Oi! Como posso ajudar?", "Olá! Tudo bem por aí?", "Oi! O que você precisa?", "Oi, como vai?"],
    "adeus": ["Tchau! Volte sempre!", "Até logo!", "Adeus! Tenha um bom dia!", "Nos vemos em breve!"],
    "como você está": ["Estou bem, e você?", "Tudo ótimo!", "Estou aqui para ajudar!", "Estou funcionando perfeitamente!"]
}

# Função que responde com base na entrada do usuário
def responder_usuario(entrada):
    entrada_processada = entrada.lower().strip()  # Normaliza a entrada
    if entrada_processada in respostas_chatbot:
        return random.choice(respostas_chatbot[entrada_processada])  # Escolhe uma resposta aleatória
    else:
        return "Desculpe, não entendi sua pergunta."

# Testando o chatbot
print(responder_usuario("olá"))  # Retorna uma saudação aleatória
print(responder_usuario("como você está"))  # Retorna uma resposta aleatória para "como você está?"
```

Neste exemplo, o chatbot responde a várias perguntas possíveis de forma aleatória, o que torna a interação mais rica e menos previsível.

Vantagens do Uso de Listas para Respostas Aleatórias

1. **Diversidade nas respostas:** O uso de listas permite que o chatbot tenha várias respostas para uma única pergunta, tornando a experiência do usuário mais interessante.
2. **Interação mais natural:** Quando o chatbot responde com variação, as conversas parecem mais humanas, uma vez que as pessoas geralmente não repetem a mesma resposta o tempo todo.
3. **Fácil implementação:** A lógica por trás da escolha aleatória de uma lista é simples de implementar, utilizando o random.choice().
4. **Escalabilidade:** Conforme o chatbot cresce, é fácil adicionar novas respostas à lista ou novos conjuntos de perguntas e respostas, mantendo a estrutura organizada

e flexível.

Exemplo Completo de Chatbot com Listas e Respostas Aleatórias

Aqui está um exemplo completo de um chatbot que usa listas para respostas aleatórias a múltiplas perguntas:

```python
import random

# Dicionário com perguntas e listas de respostas possíveis
respostas_chatbot = {
    "olá": ["Oi! Como posso ajudar?", "Olá! Tudo bem por aí?", "Oi! O que você precisa?", "Oi, como vai?"],
    "adeus": ["Tchau! Volte sempre!", "Até logo!", "Adeus! Tenha um bom dia!", "Nos vemos em breve!"],
    "como você está": ["Estou bem, e você?", "Tudo ótimo!", "Estou aqui para ajudar!", "Estou funcionando perfeitamente!"]
}

# Função que processa a entrada do usuário e retorna uma resposta
def processar_entrada(entrada):
    return entrada.lower().strip()  # Normaliza a entrada (letras minúsculas e sem espaços)

def responder_usuario(entrada):
    entrada_processada = processar_entrada(entrada)
    if entrada_processada in respostas_chatbot:
        return random.choice(respostas_chatbot[entrada_processada])  # Escolhe uma resposta aleatória
    else:
        return "Desculpe, não entendi sua pergunta."

# Testando o chatbot
print(responder_usuario("olá"))
print(responder_usuario("como você está"))
print(responder_usuario("adeus"))
```

Esse chatbot já pode responder de forma aleatória a várias perguntas, criando uma interação mais fluida e natural.

Conclusão

O uso de listas em um chatbot para gerar respostas aleatórias é uma maneira eficaz de melhorar a experiência do usuário. Com essa abordagem, as conversas ficam menos previsíveis, mais dinâmicas e muito mais próximas de uma interação humana real. Isso permite que o chatbot se adapte melhor às diversas formas de comunicação, proporcionando uma experiência mais interessante e envolvente para os usuários.

Desenvolvimento do App: Adicionar mais complexidade nas respostas

Agora que o chatbot já está preparado para responder de forma básica, é hora de adicionar mais complexidade ao comportamento dele, tornando as respostas mais dinâmicas e envolventes. A meta desta etapa é fazer com que o chatbot responda a uma variedade de perguntas, de diferentes formas, para tornar a interação mais rica e menos previsível para o usuário.

1. Criar uma Base de Dados Simples para o Chatbot

Para gerenciar respostas mais complexas, a ideia é criar uma estrutura que possa armazenar perguntas e respostas de maneira organizada e eficiente. Nesse caso, utilizaremos um dicionário, uma estrutura de dados que permite associar uma "chave" (como a pergunta do usuário) a um "valor" (como a lista de respostas possíveis). Isso vai permitir ao chatbot buscar rapidamente as respostas certas com base na entrada do usuário.

O dicionário pode ser estruturado assim:

```python
# Dicionário contendo perguntas como chaves e listas de respostas como valores
respostas_chatbot = {
    "olá": ["Oi! Como posso ajudar?", "Olá! Tudo bem?", "Oi, o que você precisa?", "E aí, como vai?"],
    "adeus": ["Até logo!", "Tchau, volte sempre!", "Nos vemos em breve!", "Adeus!"]
}
```

Aqui, a chave é a pergunta, como "olá", e o valor é uma lista com possíveis respostas. Isso já adiciona mais flexibilidade, pois para cada pergunta, podemos ter múltiplas respostas.

2. Respostas Aleatórias para a Mesma Pergunta

Para tornar as conversas mais naturais e menos repetitivas, vamos fazer com que o chatbot responda de maneira aleatória quando o usuário fizer uma pergunta já conhecida. Isso pode ser feito utilizando a função random.choice(), que seleciona uma resposta aleatoriamente de uma lista.

Exemplo:

```
import random

# Função que processa a entrada do usuário e escolhe uma resposta aleatória
def responder_usuario(entrada):
    entrada_processada = entrada.lower().strip()  # Normaliza a entrada do usuário
    if entrada_processada in respostas_chatbot:
        return random.choice(respostas_chatbot[entrada_processada])  # Escolhe uma resposta aleatória
    else:
        return "Desculpe, não entendi sua pergunta."
```

Aqui, o chatbot é capaz de responder "Olá" com uma das várias saudações possíveis, o que evita respostas repetitivas e enriquece a interação.

3. Permitir Variação de Respostas

Além de criar uma lista de respostas para uma mesma pergunta, outro aspecto interessante é permitir que o chatbot tenha um banco de respostas variado que abranja mais perguntas. Por exemplo, o chatbot pode responder não apenas "Olá", mas também "Oi", "E aí", "Bom dia", etc., como se fossem a mesma entrada. Isso pode ser feito vinculando várias formas de uma mesma pergunta a uma única lista de respostas.

Exemplo:

```
# Expandindo as saudações para diferentes formas
respostas_chatbot = {
    "olá": ["Oi! Como posso ajudar?", "Olá! Tudo bem?", "Oi, o que você precisa?", "E aí, como vai?"],
    "oi": ["Oi! Como posso ajudar?", "Olá! Tudo bem?", "Oi, o que você precisa?", "E aí, como vai?"],
    "e aí": ["Oi! Como posso ajudar?", "Olá! Tudo bem?", "Oi, o que você precisa?", "E aí, como vai?"]
}
```

Assim, independentemente de como o usuário se dirige ao chatbot ("olá", "oi" ou "e aí"), ele recebe uma resposta variada, garantindo uma conversa mais fluida.

Conclusão

Ao adicionar mais complexidade ao chatbot por meio de dicionários e listas de respostas, você torna a interação mais dinâmica e envolvente. Esse tipo de organização facilita a expansão do chatbot no futuro, permitindo que novas perguntas e respostas sejam adicionadas sem complicar o código. A capacidade de responder aleatoriamente a uma mesma pergunta também faz com que as conversas pareçam mais naturais e menos mecânicas, proporcionando uma experiência melhor para o usuário.

CAPÍTULO 6: TRATAMENTO DE EXCEÇÕES E ROBUSTEZ DO CÓDIGO

INTRODUÇÃO

No desenvolvimento de qualquer aplicação, especialmente em chatbots, é essencial lidar com situações inesperadas que possam causar erros ou falhas no código. Imagine que o usuário insere algo que o chatbot não entende, ou que há uma entrada inválida. O que acontece? Se o código não estiver preparado para essas situações, o programa pode parar de funcionar. É aqui que o tratamento de exceções entra em cena.

Este capítulo aborda uma parte fundamental da programação: o tratamento de exceções, que permite ao desenvolvedor prever e gerenciar possíveis erros, garantindo que o chatbot continue funcionando mesmo em situações fora do esperado. Vamos aprender a usar as estruturas try e except para capturar e tratar esses erros, permitindo que o chatbot responda adequadamente a entradas inválidas ou incompreensíveis.

Nosso objetivo será fazer com que o chatbot lide com entradas inesperadas de forma robusta e inteligente, sem quebrar o fluxo da conversa. Isso inclui implementar uma resposta padrão para quando o chatbot não entender a entrada do usuário, e garantir que erros comuns sejam tratados com eficácia, prevenindo falhas no código.

Com isso, o chatbot se tornará mais confiável, lidando com diversas situações de forma controlada, e proporcionando uma experiência mais suave e amigável para o usuário.

Introdução ao tratamento de exceções (try, except)

Em Python, erros e exceções fazem parte do desenvolvimento de qualquer aplicação. Quando estamos lidando com entradas de usuários, como em um chatbot, esses erros podem surgir frequentemente: desde uma entrada inesperada até uma falha de execução no código. Para que nosso programa continue funcionando de maneira segura e não seja interrompido por esses problemas, usamos um mecanismo conhecido como tratamento de exceções.

A ideia principal do tratamento de exceções é prever situações em que o código pode falhar e fornecer uma solução para que o programa continue rodando sem travar. Em Python, isso é feito com os blocos try e except.

Como Funciona o try e except?

- O bloco try contém o código que pode causar um erro. É como uma "tentativa" de executar algo, sabendo que há uma chance de falha.
- O bloco except é onde você define o que deve ser feito se um erro realmente ocorrer. Ele é responsável por capturar a exceção e fornecer uma solução, evitando que

o programa pare de funcionar.

Aqui está um exemplo simples para ilustrar o conceito:

```python
try:
    numero = int(input("Digite um número: "))
    print(f"Você digitou o número {numero}")
except ValueError:
    print("Isso não é um número válido. Por favor, tente novamente.")
```

Neste exemplo, o código dentro do bloco try tenta converter a entrada do usuário em um número inteiro. Se o usuário digitar algo que não possa ser convertido, como uma palavra, o Python gera um erro chamado ValueError. O bloco except entra em ação e mostra uma mensagem ao usuário, ao invés de simplesmente parar a execução.

Por Que Isso é Importante?

Sem o tratamento de exceções, o programa pode travar sempre que ocorrer um erro. Imagine um chatbot que para de funcionar porque o usuário digitou algo inesperado! O tratamento de exceções permite que o programa lide com esses imprevistos de forma elegante, fornecendo respostas adequadas e garantindo que o fluxo de execução continue.

Capturando Diferentes Tipos de Erros

Python permite que você capture diferentes tipos de erros usando o except. Cada tipo de erro tem um nome, como ValueError (erro de valor) ou ZeroDivisionError (erro ao tentar dividir por zero). Isso é útil para que você possa reagir de maneira específica a cada tipo de erro. Veja outro exemplo:

```
try:
    resultado = 10 / int(input("Digite um número: "))
except ZeroDivisionError:
    print("Erro: não é possível dividir por zero.")
except ValueError:
    print("Erro: valor inválido, por favor insira um número.")
```

Neste caso, dois tipos de erros são tratados: a divisão por zero e a inserção de um valor que não é um número.

O Que Vamos Fazer Com Isso?

Na construção do chatbot, o tratamento de exceções vai garantir que ele não "quebre" caso receba uma entrada inesperada. Além disso, podemos definir uma resposta padrão para situações em que o chatbot não entenda a mensagem ou quando um erro acontece. Dessa forma, o bot vai parecer mais robusto e preparado para lidar com diferentes interações, mesmo quando algo inesperado surgir.

O uso de try e except é uma ferramenta poderosa que torna seu código mais seguro e funcional, permitindo que ele trate erros de forma inteligente e continue rodando sem problemas.

Lidando com entradas inválidas e respostas inesperadas

Quando desenvolvemos um chatbot ou qualquer aplicação que interage diretamente com usuários, é inevitável que recebamos entradas inesperadas ou inválidas. Isso significa que o chatbot pode encontrar mensagens ou comandos que não sabe como processar corretamente. Para garantir que o sistema funcione de forma suave, é essencial lidar com essas situações, evitando falhas e mantendo o fluxo de interação.

Por Que Entradas Inválidas Acontecem?

Entradas inválidas são muito comuns quando o usuário interage com um sistema automatizado. Isso pode acontecer por várias razões:

- O usuário pode digitar algo que o chatbot não reconhece.
- Pode haver erros de digitação ou o envio de informações no formato incorreto.
- O chatbot pode ainda não ter sido programado para lidar com determinadas frases ou perguntas.

Por exemplo, se um chatbot está preparado para responder a perguntas como "Como está o tempo hoje?" e o usuário envia "Qual é a previsão para amanhã?", o bot pode não reconhecer essa variação de frase e responder de forma inadequada.

Como o Chatbot Lida com Isso?

Para lidar com essas situações, usamos estratégias que ajudam o chatbot a identificar entradas inválidas e responder de maneira inteligente, mesmo que a mensagem não esteja completamente clara ou compreensível.

1. Respostas Padrão para Entradas Não Reconhecidas:

Quando o chatbot recebe uma entrada que não faz sentido ou não corresponde a nenhuma palavra-chave ou padrão pré-programado, ele deve ter uma resposta padrão, como:

- "Desculpe, não entendi. Pode reformular?"
- "Poderia ser mais específico, por favor?"
- "Ainda não estou programado para responder isso, mas estou aprendendo!"

Isso mantém o usuário envolvido, enquanto sinaliza que o chatbot não foi capaz de processar a entrada corretamente.

2. Validação de Entradas:

Quando o chatbot espera que o usuário forneça uma resposta em um formato específico (por exemplo, um número ou data), ele deve verificar se a entrada está dentro do esperado. Caso contrário, deve solicitar que o usuário insira a informação no formato correto.

Por exemplo, se o chatbot está esperando que o usuário forneça um número e recebe texto em vez disso, ele pode exibir uma mensagem como:

```python
try:
    idade = int(input("Digite sua idade: "))
except ValueError:
    print("Por favor, insira um número válido.")
```

Isso evita que o chatbot falhe ao tentar processar uma informação que não corresponde ao tipo esperado.

3. Tratamento de Respostas Inesperadas:

Além de entradas inválidas, o chatbot pode receber respostas inesperadas que, embora estejam no formato correto, não fazem sentido dentro do contexto da conversa. Por exemplo, se o bot pergunta "Qual é a sua idade?" e o usuário responde "Pizza", é uma resposta inesperada. O chatbot precisa de uma maneira de reconhecer isso e redirecionar a conversa ou fornecer uma mensagem de esclarecimento.

Aplicando ao Chatbot

Ao adicionar essas funcionalidades ao chatbot, ele se torna muito mais flexível e capaz de interagir com uma variedade de entradas. Aqui está um exemplo prático de como podemos implementar uma verificação básica para entradas inválidas e fornecer uma resposta padrão:

```
def processar_entrada(mensagem):
    saudacoes = ["oi", "olá", "bom dia"]

    if mensagem.lower() in saudacoes:
        return "Olá! Como posso ajudar?"
    else:
        return "Desculpe, não entendi sua mensagem. Pode reformular?"

# Simulação de interação com o usuário
entrada_usuario = input("Você: ")
resposta_bot = processar_entrada(entrada_usuario)
print("Chatbot:", resposta_bot)
```

Neste exemplo, o chatbot está preparado para reconhecer saudações como "oi", "olá" e "bom dia". Se o usuário digitar qualquer outra coisa, ele responde com uma mensagem genérica pedindo para reformular a pergunta.

Conclusão

Lidar com entradas inválidas e respostas inesperadas é uma parte crucial na construção de um chatbot eficaz. Ao prever possíveis erros e respostas inesperadas, você garante que o chatbot mantenha a conversa fluida e sem interrupções, além de melhorar a experiência do usuário. Implementando respostas padrão e validando entradas, o chatbot se torna mais robusto e capaz de lidar com uma ampla variedade de interações, transformando situações de erro em oportunidades para guiar a conversa de maneira produtiva.

Prevenção de falhas no código com exceções comuns

Quando escrevemos código, é inevitável que, em algum momento, algo saia do esperado, resultando em erros que podem interromper a execução do programa. Felizmente, a linguagem Python oferece mecanismos eficazes para lidar com esses erros de forma proativa, usando exceções. Exceções permitem que o programa capture e trate erros específicos, evitando que o código falhe completamente e proporcionando uma experiência mais robusta para o usuário.

O que são Exceções?

Uma exceção em Python ocorre quando o interpretador encontra um erro que impede a execução do código. Quando isso acontece, o Python gera uma exceção, que é basicamente um aviso de que algo deu errado. Ao capturarmos essa exceção, podemos agir de maneira a corrigir o problema, ou pelo menos notificar o usuário de forma apropriada.

Aqui estão alguns exemplos de exceções comuns em Python:

1. ValueError:

Ocorre quando uma função recebe um argumento com o tipo correto, mas com um valor inapropriado. Exemplo: tentar converter a string "abc" em um número inteiro.

```python
numero = int("abc")  # Gera um ValueError
```

2. ZeroDivisionError:

Acontece quando o programa tenta dividir um número por zero, o que não é permitido.

```python
resultado = 10 / 0  # Gera um ZeroDivisionError
```

3. TypeError:

Surge quando uma operação ou função é aplicada a um objeto de tipo inapropriado. Por exemplo, tentar somar uma string com um número.

```
soma = "5" + 10  # Gera um TypeError
```

4. IndexError:
Ocorre quando tentamos acessar um índice fora do intervalo em uma lista ou tupla.

```
lista = [1, 2, 3]
elemento = lista[5]  # Gera um IndexError
```

Como Prevenir Falhas com Exceções

Para garantir que nosso código seja mais resiliente a esses erros, podemos utilizar o bloco try-except, que nos permite capturar exceções e tratá-las adequadamente. Isso não apenas impede que o programa trave, mas também oferece ao usuário uma resposta apropriada quando algo não sai como esperado.

Aqui está um exemplo de como podemos capturar e tratar exceções usando o try e o except:

```
try:
    numero = int(input("Digite um número: "))
    resultado = 10 / numero
    print(f"O resultado é: {resultado}")
except ValueError:
    print("Erro: Por favor, insira um número válido.")
except ZeroDivisionError:
    print("Erro: Não é possível dividir por zero.")
```

Neste exemplo, capturamos duas exceções: ValueError, que ocorre se o usuário digitar algo que não seja um número, e ZeroDivisionError, que ocorre se o usuário tentar dividir por zero. Se uma dessas exceções acontecer, o código no bloco except é executado, e uma mensagem de erro apropriada é exibida.

Prevenção Proativa de Erros

Além de tratar erros quando eles ocorrem, podemos evitar exceções antecipando possíveis problemas no código. Algumas técnicas incluem:

1. Validação de Dados:

Verifique sempre os dados fornecidos pelo usuário antes de tentar processá-los. Se esperamos um número inteiro, por exemplo, podemos validar a entrada antes de converter.

```
entrada = input("Digite um número: ")
if entrada.isdigit():
    numero = int(entrada)
else:
    print("Por favor, insira um número válido.")
```

2. Uso de Funções de Checagem:

Muitas funções padrão do Python podem ajudar a verificar se uma operação é válida antes de tentar executá-la. Por exemplo, podemos verificar se uma lista está vazia antes de acessar seus elementos.

```python
lista = []
if lista:
    print(lista[0])
else:
    print("A lista está vazia.")
```

3. Definir Comportamentos Padrão:

Para evitar que o programa falhe em situações específicas, você pode definir comportamentos padrão. Por exemplo, se uma divisão por zero ocorrer, você pode atribuir um valor padrão ao resultado.

```python
try:
    resultado = 10 / numero
except ZeroDivisionError:
    resultado = 0
    print("Divisão por zero detectada. Definindo resultado como 0.")
```

Por Que Prevenir Exceções é Importante?

Prevenir exceções e falhas no código é fundamental para melhorar a experiência do usuário e garantir que o aplicativo funcione sem interrupções. Especialmente em programas que interagem com usuários, como um chatbot, o tratamento adequado de erros garante que o sistema possa lidar com entradas inesperadas de maneira elegante, sem encerrar abruptamente.

No desenvolvimento do chatbot, por exemplo, podemos utilizar o tratamento de exceções para garantir que o bot não pare de funcionar quando o usuário fornecer uma entrada que ele não compreenda. Ao lidar com exceções comuns de forma eficiente, o chatbot será mais resiliente e flexível, além de proporcionar uma experiência de uso mais suave e agradável.

Em resumo, prevenir falhas no código com exceções comuns é uma prática essencial que torna seus programas mais robustos, seguros e preparados para lidar com erros de maneira eficiente.

Desenvolvimento do App: Adicionar tratamento de erros e exceções

Nesta etapa do desenvolvimento do chatbot, o foco será aumentar a robustez e flexibilidade do aplicativo, tornando-o capaz de lidar com entradas inesperadas ou inválidas de maneira eficaz. Ao adicionar tratamento de erros e exceções, o chatbot será mais confiável, sem falhar ou travar quando o usuário fornecer informações que o sistema não esteja preparado para processar.

1. Garantir que o Chatbot Lida com Entradas Inválidas ou Incompreensíveis

Quando o usuário interage com o chatbot, ele pode enviar mensagens que não seguem o padrão esperado ou usar termos desconhecidos pelo sistema. Em vez de permitir que o chatbot falhe, você pode capturar essas exceções e tratá-las de forma inteligente. Por exemplo, se o usuário digitar algo que o chatbot não entenda, o sistema pode fornecer uma mensagem amigável, indicando que não conseguiu processar a entrada.

Isso será feito utilizando o bloco de código try-except para detectar possíveis erros e garantir que o chatbot responda adequadamente. Dessa forma, o bot será capaz de responder a qualquer tipo de entrada, evitando travamentos e mantendo a interação fluida.

2. Implementar uma Resposta Padrão para Entradas que o Chatbot Não Entenda

Se o chatbot encontrar uma entrada que não consiga interpretar ou processar, é importante que ele retorne uma resposta padrão, em vez de simplesmente falhar. Isso torna a experiência do usuário mais agradável e evita que ele fique frustrado com o sistema.

Por exemplo, se o usuário enviar uma mensagem como "123xyz", o chatbot pode responder algo como: "Desculpe, não entendi sua pergunta. Poderia reformular?". Essa abordagem mantém o chatbot proativo e útil, mesmo em situações em que ele não possui uma resposta específica.

Exemplo de Código: Tratamento de Entradas Inválidas

Abaixo está um exemplo simples de como implementar o tratamento de erros e exceções no chatbot usando o Python:

```python
def processar_mensagem(mensagem):
    try:
        # Simulação de uma lista de palavras-chave conhecidas
        palavras_chave = ['olá', 'como você está', 'adeus']

        # Normalizando a mensagem
        mensagem = mensagem.lower().strip()

        # Verificando se a mensagem está na lista de palavras-chave
        if mensagem in palavras_chave:
            return f"Você disse: {mensagem}"
        else:
            raise ValueError("Entrada não reconhecida")

    except ValueError:
        return "Desculpe, não entendi sua mensagem. Tente novamente."

# Exemplo de interação com o chatbot
mensagem_usuario = input("Digite sua mensagem: ")
resposta_chatbot = processar_mensagem(mensagem_usuario)
print(resposta_chatbot)
```

Neste exemplo, o chatbot verifica se a entrada do usuário é uma das palavras-chave conhecidas. Se não for, ele gera uma exceção e responde com uma mensagem padrão de erro, indicando que não entendeu a entrada.

Objetivo: Tornar o Chatbot mais Robusto

Ao final desta etapa, o chatbot deve ser capaz de responder de forma educada e eficiente a qualquer tipo de entrada, seja ela válida ou não. Isso o tornará mais robusto e profissional, pronto para lidar com situações inesperadas e garantir uma experiência de usuário mais completa.

A implementação do tratamento de exceções permite que o

chatbot lide com erros de maneira inteligente, promovendo uma interação contínua e sem interrupções, mesmo em cenários em que o input do usuário não corresponde ao esperado.

CAPÍTULO 7: PROGRAMAÇÃO ORIENTADA A OBJETOS (POO)

INTRODUÇÃO

Neste capítulo, vamos explorar o conceito de Programação Orientada a Objetos (POO) e como ele pode ser utilizado para aprimorar o desenvolvimento do nosso chatbot. A POO é uma abordagem de programação que organiza o código em torno de "objetos" e "classes", facilitando a modularização, manutenção e expansão de software. Ao aplicar esses conceitos ao nosso chatbot, podemos tornar o código mais estruturado e flexível.

1. Conceitos de POO: Classes, Objetos, Atributos e Métodos

Na Programação Orientada a Objetos, classes são como moldes ou modelos que definem as propriedades e comportamentos de um tipo de objeto. Um objeto é uma instância de uma classe e possui atributos (dados) e métodos (funções) que definem o que ele pode fazer. Por exemplo, em um chatbot, você pode ter uma classe Chatbot que define como o bot deve responder a diferentes tipos de mensagens.

- **Classes:** Definem o tipo de objeto e suas características. Por exemplo, uma classe Chatbot pode definir como o bot processa as mensagens.

- **Objetos:** Instâncias específicas da classe. Por exemplo, você pode ter um objeto meu_chatbot criado a partir da classe Chatbot.
- **Atributos:** Dados associados a um objeto. No chatbot, atributos podem incluir uma lista de respostas ou um histórico de conversas.
- **Métodos:** Funções que definem o comportamento do objeto. No chatbot, métodos podem incluir funções para processar mensagens e gerar respostas.

2. Criando Classes para Modularizar o Chatbot

Ao modularizar o chatbot utilizando POO, você organiza o código de forma que funcionalidades relacionadas sejam agrupadas em uma classe. Isso facilita a manutenção e a expansão do chatbot, pois cada parte do código fica isolada e mais fácil de gerenciar.

Por exemplo, vamos criar uma classe Chatbot que encapsula todas as funcionalidades do chatbot. A classe terá métodos para processar mensagens, gerar respostas e tratar exceções. Isso separa a lógica do chatbot em componentes distintos e gerenciáveis.

3. Refatoração do Código para Utilizar Objetos e Métodos

Refatorar o código existente para usar a orientação a objetos envolve mover o código funcional para métodos dentro da classe e definir os dados necessários como atributos. Isso pode incluir:

- **Criar a classe Chatbot:** Define os atributos e métodos necessários para o chatbot funcionar.
- **Mover funcionalidades existentes:** Refatorar funções que processam mensagens e geram respostas para métodos da classe Chatbot.
- **Gerenciar a comunicação:** Garantir que o chatbot interaja com o usuário de maneira eficiente e organizada usando a nova estrutura de classes.

Desenvolvimento do App: Refatorar o Chatbot para um Modelo Orientado a Objetos

No desenvolvimento do app, a primeira tarefa será criar a classe Chatbot e mover as funcionalidades existentes para essa classe. Isso incluirá:

- Definir a estrutura da classe Chatbot: Implementar os atributos e métodos necessários para o funcionamento do bot.
- Refatorar o código funcional: Ajustar o código existente para que as funcionalidades sejam chamadas como métodos da classe.

Ao final deste capítulo, o chatbot estará estruturado de forma orientada a objetos, tornando o código mais modular, fácil de manter e pronto para futuras expansões. A orientação a objetos não só melhora a organização do código, mas também facilita a adição de novas funcionalidades e a integração com outras partes do sistema.

Conceitos de POO: classes, objetos, atributos e métodos

A Programação Orientada a Objetos (POO) é uma abordagem de programação que organiza o código em torno de objetos e classes. Esta abordagem facilita a criação de sistemas complexos, promovendo a modularidade, reutilização e organização do código. Vamos explorar os conceitos fundamentais da POO e como eles se aplicam ao desenvolvimento de software.

1. Classes

Uma classe é um modelo ou um "molde" que define um tipo de objeto. Ela especifica quais atributos (dados) e métodos (funções) o objeto criado a partir dela terá. Em termos simples, uma classe é como uma receita que define como um objeto deve ser construído e o que ele pode fazer.

Por exemplo, imagine que estamos criando um chatbot. Podemos definir uma classe chamada Chatbot que descreve como esse chatbot deve se comportar. A classe pode incluir informações sobre como processar mensagens, gerar respostas e lidar com erros.

```
class Chatbot:
    # Esta é a definição da classe Chatbot
    pass
```

2. Objetos

Um objeto é uma instância de uma classe. Enquanto a classe é como uma receita, o objeto é o "bolo" que você faz seguindo essa receita. Cada objeto criado a partir da mesma classe pode ter valores diferentes para seus atributos, mas todos compartilham os mesmos métodos. Para criar um objeto da classe Chatbot, você usa a sintaxe de chamada de classe:

```
meu_chatbot = Chatbot()
```

Aqui, meu_chatbot é um objeto da classe Chatbot. Ele possui todos os atributos e métodos definidos na classe.

3. Atributos

Atributos são as características ou propriedades de um objeto. Eles armazenam informações sobre o estado do objeto. No caso do nosso chatbot, os atributos podem incluir informações como uma lista de respostas padrão ou um histórico de conversas.

Você define atributos dentro da classe, geralmente no método especial chamado __init__, que é chamado automaticamente quando um novo objeto é criado:

```python
class Chatbot:
    def __init__(self):
        self.respostas = []  # Atributo para armazenar respostas do chatbot
```

4. Métodos

Métodos são funções definidas dentro de uma classe que descrevem o comportamento dos objetos criados a partir dessa classe. Métodos permitem que você execute ações usando os dados armazenados nos atributos. No chatbot, os métodos podem incluir funcionalidades como processar mensagens e gerar respostas.

Aqui está um exemplo de como definir um método na classe Chatbot:

```python
class Chatbot:
    def __init__(self):
        self.respostas = []

    def adicionar_resposta(self, resposta):
        self.respostas.append(resposta)  # Adiciona uma nova resposta à lista

    def responder(self, mensagem):
        if "olá" in mensagem.lower():
            return "Olá! Como posso ajudar?"
        return "Desculpe, não entendi sua mensagem."
```

No exemplo acima:

- adicionar_resposta é um método que adiciona uma nova resposta à lista de respostas do chatbot.
- responder é um método que processa uma mensagem

e fornece uma resposta com base no conteúdo da mensagem.

Resumo

- Classes são moldes que definem as características e comportamentos dos objetos.
- Objetos são instâncias de classes, representando entidades concretas baseadas nos moldes.
- Atributos são as propriedades dos objetos, armazenando dados sobre eles.
- Métodos são funções que definem o comportamento dos objetos, permitindo que eles realizem ações.

Ao aplicar esses conceitos, você poderá criar sistemas mais organizados e fáceis de manter, como o chatbot que estamos desenvolvendo, facilitando a expansão e a melhoria contínua do seu software.

Criando classes para modularizar o chatbot (ex.: classe "Chatbot")

Modularizar um chatbot usando a Programação Orientada a Objetos (POO) envolve a criação de classes que organizam o código de forma estruturada e reutilizável. Isso torna o desenvolvimento mais eficiente e a manutenção mais simples, além de facilitar a adição de novas funcionalidades. Vamos ver como criar e estruturar uma classe Chatbot para modularizar o nosso projeto.

1. Definindo a Classe Chatbot

A primeira etapa é definir a classe Chatbot. Esta classe será o núcleo do nosso aplicativo e terá atributos e métodos que controlam o comportamento do chatbot.

Aqui está um exemplo básico de como você pode definir a classe Chatbot:

```python
class Chatbot:
    def __init__(self):
        # Atributos iniciais do chatbot
        self.respostas = {
            "olá": "Olá! Como posso ajudar?",
            "como você está": "Estou bem, obrigado! E você?",
            "adeus": "Até logo! Tenha um ótimo dia!"
        }

    def responder(self, mensagem):
        # Método para gerar uma resposta com base na mensagem
        mensagem = mensagem.lower().strip()
        return self.respostas.get(mensagem, "Desculpe, não entendi sua mensagem.")
```

2. Atributos da Classe

Na classe Chatbot, definimos um atributo chamado respostas, que é um dicionário. Este dicionário armazena pares de perguntas e respostas. Isso permite que o chatbot forneça respostas predefinidas com base nas mensagens recebidas. Os atributos são definidos no método __init__, que é chamado quando um novo objeto da classe é criado.

3. Métodos da Classe

Os métodos são funções definidas dentro da classe que operam sobre os dados armazenados nos atributos. No exemplo acima, temos o método responder, que:

- Normaliza a mensagem recebida (convertendo para minúsculas e removendo espaços extras).
- Procura a mensagem no dicionário de respostas.
- Retorna uma resposta apropriada ou uma mensagem padrão caso a entrada não seja reconhecida.

4. Usando a Classe Chatbot

Para usar a classe Chatbot, você cria um objeto dessa classe e chama seus métodos. Veja como isso funciona:

```
# Criar um objeto da classe Chatbot
meu_chatbot = Chatbot()


# Testar o chatbot com algumas mensagens
mensagens = ["Olá", "Como você está?", "Adeus", "Qual é o seu nome?"]


for mensagem in mensagens:
    resposta = meu_chatbot.responder(mensagem)
    print(f"Usuário: {mensagem}")
    print(f"Chatbot: {resposta}")
```

5. Expansão da Classe

Com o tempo, você pode expandir a classe Chatbot para incluir funcionalidades adicionais, como:

- Tratamento de exceções para lidar com erros inesperados.
- Respostas aleatórias para tornar a interação mais natural.
- Armazenamento de histórico de conversas para uma análise futura.

Aqui está um exemplo de como adicionar um método para armazenar o histórico de conversas:

```python
class Chatbot:
    def __init__(self):
        self.respostas = {
            "olá": "Olá! Como posso ajudar?",
            "como você está": "Estou bem, obrigado! E você?",
            "adeus": "Até logo! Tenha um ótimo dia!"
        }
        self.historico = []

    def responder(self, mensagem):
        mensagem = mensagem.lower().strip()
        resposta = self.respostas.get(mensagem, "Desculpe, não entendi sua mensagem.")
        self.historico.append((mensagem, resposta))
        return resposta


    def mostrar_historico(self):
        return self.historico
```

Resumo

Criar e modularizar a classe Chatbot usando POO permite uma estrutura de código mais limpa e organizada. Ao definir uma classe, você pode encapsular dados e comportamentos relacionados, facilitando a manutenção e expansão do aplicativo. Com a classe Chatbot, você pode facilmente adicionar novos métodos e atributos para aprimorar a funcionalidade do seu bot, tornando-o mais eficiente e adaptável às necessidades dos usuários.

Refatoração do código para utilizar objetos e métodos

Refatorar o código para utilizar Programação Orientada a Objetos (POO) envolve transformar um código funcional ou procedural em um design orientado a objetos, utilizando classes e métodos. Este processo melhora a organização e modularidade do código, facilitando a manutenção e a expansão. Vamos explorar como refatorar um chatbot básico para adotar a abordagem orientada a objetos.

1. Analisando o Código Existente

Antes de refatorar, é importante entender o código atual. Suponha que você tenha um chatbot simples, onde a lógica de processamento de mensagens e respostas é escrita diretamente no código, como mostrado abaixo:

```python
def processar_mensagem(mensagem):
    if mensagem.lower() == "olá":
        return "Olá! Como posso ajudar?"
    elif mensagem.lower() == "como você está?":
        return "Estou bem, obrigado! E você?"
    elif mensagem.lower() == "adeus":
        return "Até logo! Tenha um ótimo dia!"
    else:
        return "Desculpe, não entendi sua mensagem."

# Teste do chatbot
mensagens = ["Olá", "Como você está?", "Adeus", "Qual é o seu nome?"]

for mensagem in mensagens:
    print(processar_mensagem(mensagem))
```

2. Criando a Classe Chatbot

Para refatorar esse código, começamos criando uma classe Chatbot que encapsula a lógica de processamento de mensagens. A classe terá atributos e métodos que definem o comportamento do chatbot. Aqui está como você pode criar e estruturar a classe:

```python
class Chatbot:
    def __init__(self):
        # Atributo para armazenar respostas padrão
        self.respostas = {
            "olá": "Olá! Como posso ajudar?",
            "como você está?": "Estou bem, obrigado! E você?",
            "adeus": "Até logo! Tenha um ótimo dia!"
        }

    def processar_mensagem(self, mensagem):
        # Normaliza a mensagem
        mensagem = mensagem.lower().strip()
        # Retorna a resposta com base na mensagem
        return self.respostas.get(mensagem, "Desculpe, não entendi sua mensagem.")
```

3. Utilizando a Classe Chatbot

Depois de definir a classe Chatbot, você pode criar um objeto dessa classe e utilizar seus métodos para processar mensagens. Isso substitui a função global e organiza o código em um formato orientado a objetos:

```python
# Criar um objeto da classe Chatbot
meu_chatbot = Chatbot()

# Testar o chatbot com algumas mensagens
mensagens = ["Olá", "Como você está?", "Adeus", "Qual é o seu nome?"]

for mensagem in mensagens:
    resposta = meu_chatbot.processar_mensagem(mensagem)
    print(f"Usuário: {mensagem}")
    print(f"Chatbot: {resposta}")
```

4. Benefícios da Refatoração

Refatorar para usar objetos e métodos oferece vários benefícios:

- **Modularidade:** A lógica do chatbot está encapsulada na classe, facilitando a modificação e a adição de novos recursos sem afetar o restante do código.
- **Reutilização:** Você pode criar múltiplos objetos da classe Chatbot com comportamentos diferentes, se necessário.
- **Organização:** Métodos e atributos são claramente definidos, tornando o código mais legível e fácil de entender.
- **Expansão:** Adicionar novas funcionalidades, como tratamento de exceções ou respostas aleatórias, é mais simples e menos propenso a erros.

5. Expandindo a Classe

Depois da refatoração inicial, você pode expandir a classe para incluir novas funcionalidades, como:

- Tratamento de Exceções: Adicionar métodos para lidar com erros e entradas inválidas.
- Respostas Aleatórias: Incorporar listas de respostas para tornar a interação mais variada.
- Armazenamento de Histórico: Adicionar um atributo para armazenar e analisar o histórico de conversas.

Exemplo de expansão com tratamento de exceções e respostas aleatórias:

```
import random

class Chatbot:
    def __init__(self):
        self.respostas = {
            "olá": ["Olá! Como posso ajudar?", "Oi! Em que posso ajudar?"],
            "como você está?": ["Estou bem, obrigado! E você?", "Tudo certo, obrigado por perguntar!"],
            "adeus": ["Até logo! Tenha um ótimo dia!", "Adeus! Volte sempre!"]
        }

    def processar_mensagem(self, mensagem):
        mensagem = mensagem.lower().strip()
        respostas_possiveis = self.respostas.get(mensagem, ["Desculpe, não entendi sua mensagem."])
        return random.choice(respostas_possiveis)
```

Resumo

Refatorar o código para utilizar objetos e métodos ajuda a organizar e modularizar o chatbot, tornando-o mais fácil de manter e expandir. A criação da classe Chatbot permite encapsular a lógica de processamento de mensagens e respostas, promovendo um código mais limpo e estruturado. Com a refatoração, você pode adicionar novas funcionalidades e melhorar a interação do chatbot com os usuários de forma mais eficiente.

Desenvolvimento do App: Refatorar o chatbot para um modelo orientado a objetos

Refatorar o chatbot para um modelo orientado a objetos é um passo crucial para melhorar a estrutura do código e facilitar a manutenção e expansão do aplicativo. A Programação Orientada a Objetos (POO) permite organizar o código em classes e métodos, tornando-o mais modular e fácil de entender. Vamos ver como você pode realizar essa refatoração.

1. Criando a Classe Chatbot

Para iniciar a refatoração, criamos uma classe Chatbot que encapsula toda a lógica do nosso chatbot. A ideia é mover toda a funcionalidade existente para dentro desta classe, utilizando métodos para definir o comportamento do chatbot.

Aqui está um exemplo de como você pode criar a classe Chatbot:

```python
class Chatbot:
    def __init__(self):
        # Atributo para armazenar respostas predefinidas
        self.respostas = {
            "olá": "Olá! Como posso ajudar?",
            "como você está?": "Estou bem, obrigado! E você?",
            "adeus": "Até logo! Tenha um ótimo dia!"
        }

    def processar_mensagem(self, mensagem):
        # Método para processar a mensagem do usuário e gerar uma resposta
        mensagem = mensagem.lower().strip()  # Normaliza a mensagem
        return self.respostas.get(mensagem, "Desculpe, não entendi sua mensagem.")

    def adicionar_resposta(self, pergunta, resposta):
        # Método para adicionar uma nova resposta
        self.respostas[pergunta.lower()] = resposta
```

2. Movendo Funcionalidades para Métodos

Com a classe Chatbot criada, movemos a funcionalidade de processamento de mensagens para o método processar_mensagem. Isso encapsula a lógica de resposta dentro da classe, melhorando a organização e a modularidade do código. Também adicionamos um método adicionar_resposta para permitir a atualização dinâmica das respostas do chatbot.

3. Utilizando a Classe Chatbot

Após definir a classe e seus métodos, você pode criar um objeto da classe Chatbot e utilizar seus métodos para interagir com o usuário. Veja como o código para testar o chatbot ficaria:

```
# Criar um objeto da classe Chatbot
meu_chatbot = Chatbot()

# Testar o chatbot com algumas mensagens
mensagens = ["Olá", "Como você está?", "Adeus", "Qual é o seu nome?"]

for mensagem in mensagens:
    resposta = meu_chatbot.processar_mensagem(mensagem)
    print(f"Usuário: {mensagem}")
    print(f"Chatbot: {resposta}")

# Adicionar uma nova resposta e testar novamente
meu_chatbot.adicionar_resposta("qual é o seu nome?", "Eu sou um chatbot criado para ajudá-lo.")
print(meu_chatbot.processar_mensagem("Qual é o seu nome?"))
```

4. Benefícios da Refatoração

Refatorar o chatbot para um modelo orientado a objetos oferece vários benefícios:

- **Organização:** A lógica do chatbot é claramente definida dentro da classe, tornando o código mais organizado e fácil de ler.
- **Modularidade:** A estrutura baseada em classes permite adicionar ou modificar funcionalidades sem alterar o restante do código.
- **Expansibilidade:** Novas funcionalidades, como o tratamento de exceções ou respostas aleatórias, podem ser facilmente adicionadas como métodos adicionais da classe.
- **Reutilização:** Você pode criar múltiplos objetos da classe Chatbot, cada um com comportamentos personalizados, se necessário.

5. Expansão da Classe

A refatoração inicial é apenas o começo. Com a classe Chatbot estruturada, você pode expandi-la para incluir funcionalidades avançadas:

- **Tratamento de Exceções:** Adicionar métodos para lidar com erros e entradas inesperadas.
- **Respostas Aleatórias:** Incorporar listas de respostas para oferecer variabilidade nas respostas.
- **Armazenamento de Histórico:** Implementar um método para armazenar e analisar o histórico de conversas.

Aqui está um exemplo de como você poderia expandir a classe para incluir armazenamento de histórico:

```python
class Chatbot:
    def __init__(self):
        self.respostas = {
            "olá": "Olá! Como posso ajudar?",
            "como você está?": "Estou bem, obrigado! E você?",
            "adeus": "Até logo! Tenha um ótimo dia!"
        }
        self.historico = []

    def processar_mensagem(self, mensagem):
        mensagem = mensagem.lower().strip()
        resposta = self.respostas.get(mensagem, "Desculpe, não entendi sua mensagem.")
        self.historico.append((mensagem, resposta))
        return resposta

    def mostrar_historico(self):
        return self.historico
```

Resumo

Refatorar o chatbot para um modelo orientado a objetos melhora a estrutura e a organização do código. A classe Chatbot encapsula todas as funcionalidades relacionadas ao chatbot, permitindo uma manutenção mais fácil e a adição de novas funcionalidades. Com a refatoração, o chatbot se torna mais robusto e flexível, pronto para lidar com diversas melhorias e expandir conforme necessário.

Conclusão

Parabéns por chegar até aqui! Ao concluir este curso de programação em Python, você não apenas aprendeu a construir um chatbot funcional, mas também deu um passo significativo rumo a um mundo repleto de oportunidades. A programação é uma habilidade poderosa e essencial no cenário atual, capaz de transformar ideias em soluções concretas e impactantes.

Ao dominar conceitos como lógica de programação, manipulação de dados e programação orientada a objetos, você se equipou com ferramentas que são altamente valorizadas em diversas indústrias. Com o crescimento da tecnologia e da digitalização, a demanda por profissionais qualificados na área de programação só aumenta. Isso significa que você tem a chance de construir uma carreira internacional, contribuindo para projetos inovadores e desafiadores ao redor do mundo.

Lembre-se de que a jornada de aprendizado não termina aqui. Cada nova linha de código que você escreve é uma oportunidade de crescimento. Explore mais, crie projetos próprios, colabore com outros desenvolvedores e mantenha-se atualizado com as novas tendências da tecnologia. O futuro é promissor, e sua dedicação e curiosidade podem levá-lo a lugares incríveis.

Abrace os desafios, continue aprendendo e não tenha medo de sonhar grande. O mundo da programação é vasto e cheio de possibilidades, e você está agora mais preparado do que nunca para fazer parte dele. Vá em frente e construa o seu caminho!

Toda a equipe Você Smart e o prof. Lindolfo Júnior lhe desejam todo o sucesso do mundo, sempre!

Forte abraço

www.ingramcontent.com/pod-product-compliance
Lightning Source LLC
LaVergne TN
LVHW051736050326
832903LV00023B/952